陪宝贝一起成长

优秀老师讲给家长的 38 堂公开课

刘 妮 卢海云 编著

中国海洋大学出版社

·青岛·

图书在版编目（CIP）数据

陪宝贝一起成长 / 刘妮，卢海云编著. 一青岛：
中国海洋大学出版社，2016.4
ISBN 978-7-5670-1107-6

Ⅰ.①陪… Ⅱ.①刘… ②卢… Ⅲ.①家庭教育－青
少年教育 Ⅳ.① G78

中国版本图书馆 CIP 数据核字（2016）第 064235 号

出版发行	中国海洋大学出版社		
社　　址	青岛市香港东路 23 号	邮政编码 266071	
出 版 人	杨立敏		
网　　址	http://www.ouc-press.com		
电子信箱	pankeju@126.com		
订购电话	0532－82032573（传真）		
责任编辑	潘克菊	电　　话	0532－85902533
装帧设计	汇英文化传媒		
印　　制	青岛国彩印刷有限公司		
版　　次	2016 年 4 月第 1 版		
印　　次	2016 年 4 月第 1 次印刷		
成品尺寸	144 mm × 215 mm		
印　　张	5		
字　　数	121 千		
定　　价	36.00 元		

序

　　《陪宝贝一起成长》的书稿放在我的案边几周,近日才在作者的催促下细读。两个作者和我年龄相差近10岁,算是"忘年交"的朋友。从撰写图书的角度她们誉我为"前辈";但是从某些层面我称自己为她们的"晚生"。提笔作序,自然要赞誉两个作者,也谈我对书稿内容的感受。

　　刘妮老师大学攻读汉语言文学教育专业,执教以来,一直注重对教学方法的探索,对教育方式的研究。论文多次获得省级一、二等奖。任教期间,多次被评为区级先进工作者和德育工作先进个人。她致力于语文阅读教学的探究,孜孜不倦地追求教学艺术,多次获得优质课比赛奖项,并被评为"青年教师优秀专业人才"和"教学能手"。首先,刘老师有多年中学执教和班主任教育管理的经历,之后开始执教小学。因此,非常了解"大孩子"应该具备的优秀素质和"大孩子"身上的欠缺或不足,在教育"小孩子"的过程中对方式、方法更有独到的见解,更能根据不同年龄段取长补短、有的放矢。书中精选的小故事,深入浅出的启发与分析,体现出教育的原则和目的是:尊重孩子,平等沟通,培养孩子独立自主,帮助他们实现理想和梦想。

　　卢海云老师致力于教育心理学研究,推崇西方教育理念。虽从中小学执教到大学学校教育管理,后华丽转身为世界五百强企业跨国集团人力资源总监,但仍怀揣教育之本,不忘孩子成长研究。利用多次出差机会,走访世界各国 40 多所名校,感受不同的校园氛围,碰撞教学理念,交流教育思想,总结适宜的素质教育。

书中一堂堂公开课看似相近,但适应于不同的家长;一段段心得看似叠加,但针对不同的孩子性格。

孩子是家庭的未来、祖国的花朵、民族的希望,孩子的教育举足轻重。校园文化课固然重要,家庭、家长的教育更是责无旁贷。但是很多家长因为孩子教育搞得焦头烂额、身心疲惫,终不得方法。家庭氛围、家长性格、孩子秉性千差万别,但教育理念、教育方法相通相近。细读《陪宝贝一起成长》,38 堂公开课总有一堂适合您,希望您开卷有益!

赵 静

2016 年 3 月

目 录

父母和孩子是相互信任的
好朋友

心理学家认为，追求信任是一种积极的心态，是每个正常人的普遍心理，也是一个人奋发进取、积极向上、实现自我价值的内驱力。信任的心理机制对孩子良好心理品质的形成具有积极的鼓励作用。在家庭生活中，父母与子女之间，同样需要信任，通过信任，父母与孩子能成为彼此最信赖的好朋友。

故事分享

孔倩视自己的儿子为掌上明珠。孩子都 10 岁了，孔倩也不舍得撒手让其独行，甚至离家几步之遥的地方都不让他独去，担心孩子遇到不会处理的突发事件。孩子有几次试着挣脱孔倩的手，想尝试独立办自己的事，都被她硬给拽回来。

有一次，孩子想自己去书店看书，孔倩没有答应，孩子终于没有忍住藏在心里的话，非常正式地跟她说，"妈妈给我一次机会，信任我吧，我肯定没有问题。"面对孩子近似祈求的语气，孔倩决定相信孩子一次。两个小时后，孩子高高兴兴地从书店出来了，自豪的神情溢于言表。从这以后，孔倩决定今后要信任自己的孩子，孩子能自己处理的问题，就放手让他去做，甚至有时会把一些重要的事情特意交给孩子办,令人出乎意料的是,孩子每次都能完成得不错。孩子在一次次的磨炼中也感觉到了妈妈对自己的信任,变得更加懂事,还时不时地告诉孔倩很多自己的知心话,把妈妈当成他的一个好朋友。

老师谈启发

其实,孩子跟成年人一样,他们从懂事开始,就会有自己的思想;渴望被理解、被尊重以及被信任。但是在现实生活中,很多父母往往忽略了这一点。父母们要敢于相信孩子"行",同时给孩子前进的信心和力量,哪怕是一次不经意的表扬、一个小小的鼓励,都会让孩子激动好长时间,甚至会改变整个面貌。这正是由于每个孩子心灵深处最强烈的需求和成人一样,就是渴望受到赏识和肯定。

家庭教育是通过父母及子女双方的语言和情感交流来进行的。父母与子女的相互信任是成功家教的重要因素。教育专家在家庭调查中发现,子女对父母有特殊的信任,他们往往把父母看成是自己学习上的良师、德行上的榜样、生活上的参谋、感情上的挚友。他们也希望能得到父母的信任,像朋友一样和父母平等地交流。他们认为,只有父母的信任,才是真实、可靠的。父母的信任意味着压力、重视和鼓励,这是真正触动他们心灵的动力。从教育效果看,给予孩子信任是一种富有鼓舞作用的教育方式。

在家庭教育中,父母的信任可使子女感到他们与父母处于平等的地位,从而对父母更加尊重、敬爱,更加亲近、服从,从而乐于向父母倾吐自己的心里话。这样不仅增进了父母对子女内心世界的了解,又使父母教子女更能有的放矢,获得更好的效果。反之,若父母对孩子持不信任或不够信任的态度,父母就无法了解孩子真实的愿望和要求,孩子的自尊心和自信心必然会因此受到伤害,他们对父母的信赖也势必减弱。这样,家庭教育的效果也会相应减弱。

所以,父母应该信任孩子,在与孩子相互信任的基础上做他们的朋友,从而更有利于教育好孩子。

家长谈心得

寄予孩子信任,做孩子的朋友,能够激发孩子内心的动力,让孩子体会到成功的快乐。他们会在父母充满信任和友谊的目光中,从摔倒的地方爬起来。

✪ 培养孩子的自信心

有位哲人说:"自信心是事业成功的支点,一个人如果没有自信心,就不可能大有作为。有了自信心,就能把阻力化为动力,战胜各种困难,敢于夺取胜利。"因此,父母要注重培养孩子的自信心,要引导孩子尊重他人,但不迷信他人,用科学的态度对待别人的成功与失败,正确看待自己的进步,培养自信心。

✪ 正确对待孩子的缺点

当孩子犯了错误时,不要用偏激的言辞去斥责,而要循循善诱,晓之以理,和孩子一起分析事件的来龙去脉,指出孩子犯错误的原因以及造成的危害,帮助孩子改正错误。做父母的要充分理解、信任孩子,引导他们正确对待错误。

✪ 提供施展才能的机会

在日常生活中,对孩子的生活琐事,切忌全权包办或冷淡蔑视。凡是孩子能做的事,只要是有益的,就支持他们去做。即使孩子有时失败了,这都是正常现象。当孩子遇到挫折和失败时,父母要给孩子多些安慰和鼓励,帮助他们找出原因,要懂得保护孩子的自信心。

❂ 对孩子宽严相济

做孩子的朋友,不仅要对孩子严格要求,善于从日常学习生活中发现问题,随时给孩子引导和指引,还要把孩子作为平等的伙伴,与孩子一起学习一起玩,一起发现学习生活中的人生道理。

父母对孩子的信心要表现在行动上,当自己孩子学习成绩不理想的时候,父母切记不要对孩子一遍遍唠叨,因为任何孩子都希望自己是最棒的,自己成绩不理想时,心里本来就很压抑,心情也十分烦躁,他们多么希望父母说几句鼓励的话,以减轻心理负担。如果父母在这个时候,不理解孩子此时的心情,仍然对孩子横加指责,这样会引起孩子对父母的反感;伤害孩子的自尊心,导致孩子自卑、怯懦、缺乏进取的勇气,甚至厌学。

相反,如果父母足够信任孩子,当孩子遇到学习上的困难,相信孩子能够充满自信,积极发挥主观能动性,有效地进行自我调整,同时给孩子一些思路上的引导,一起把困难转化为促进自己进取的动力。这不仅有利于激发孩子的学习兴趣,保持良好的学习情绪和心理状态,同时也锻炼了孩子的自主性、创造性以及对自己和他人负责的能力。

父母是孩子成长的榜样

榜样的力量是无穷的,对于孩子来讲,这一点尤其重要。家庭是孩子最基本的生活和教育单位,父母是这个教育单位里的老师,一言一行,一举一动,都有可能成为孩子的效仿源。无数事例证明,孩子最初的行为习惯都是从父母身上学来的。因此,父母要特别重视榜样对孩子的巨大影响作用,时时处处为孩子树立榜样。

故事分享

郑板桥家原为书香望族,但传至他父亲郑之本时已经家道中落。郑板桥的生母汪夫人,生来身体纤弱,在板桥 3 岁时就离开人世。不久,郑之本续娶了郝氏。但在郑板桥一生中真正给他以母爱,并与之朝夕相伴的却是他的乳母费氏。

费氏原是郑板桥祖父的侍女,长年在郑家做女佣,吃苦耐劳,心肠慈悲,汪夫人去世之后,恰又上遇上灾荒年月,破败的郑家已经揭不开锅了,那里还支付得起女佣的工钱。出于无奈,郑之本就劝费氏回家。

可与小板桥相处日久、感情甚深的费氏就是不肯离去。为此,她一再央求郑之本把她留下:"没有工钱不要紧,吃饭我也可以回家去吃,我舍不得孩子,请把我留下来吧,我会把孩子带好的。"郑之本被费氏的一片真情所感动,于是他接受了费氏的请求。

小板桥虽然失去了亲生母亲,但母爱的光辉一直照耀着他。费氏对板桥,视如己出,把自己的母爱毫无保留地献给了小板桥,甚至胜过对待自己的亲生骨肉。

康熙三十九年(1700年),一场空前浩大的洪涝灾害又向兴化袭来,无情的大水吞噬了无数的生灵,大批平民百姓背井离乡。费氏一家也遭到了水灾的无情打击,在丈夫的带领下,携老带幼加入了流民的行列。

即将远行的费氏,只是把这一消息埋在心里,她怕小板桥一时难以接受。因此在临行前的几天里,她只是默默地把小板桥脏了的衣裤洗好,破了的缝好。在离开的前夜,还做好了可口的饭菜放在锅里,趁着郑家一家老小在睡梦中,她不声不响地离开了郑家。

数年后,兴化的灾情有所缓解,费氏全家返回了家乡。费氏还没有进自己的家门就跑到了郑家,郑板桥一见乳母,就猛扑在乳母的怀里痛哭起来。

费氏继续留在郑家做女佣。不久,费氏的大儿子做上了八品官,这时,费氏本可以不再做女佣,完全可以享她的清福,但她却抛不下无人照看的小板桥,于是她还是留下来了,继续过着昔日一样清贫的生活。郑板桥前后与乳母共同生活了34年。

老师谈启发

父母和孩子接触开始时间最早、机会最多、时间最长,因而是孩子学习最直接、最具体的榜样。父母的一言一行,犹如一本没有文字的教科书,会潜移默化地对孩子的一生产生影响。

前苏联著名教育家马卡连柯曾经讲过,父母对自己的要求,父母对自己家庭的尊重,父母对自己每一行为举止的注重,就是对子女最首要的,也是最重要的教育方法。所以在日常具体生活中,父母要时时刻刻严格要求自己,事事起榜样作用。要求孩子做到的,父母要先做到。

优秀的品德是可以传承的,而消极、阴暗的特质同样也能够传递给孩子。为了孩子能够更加健康、积极地面对他们的人生,拥有人生的幸福,父母们都应该从自身做起,努力在孩子心中树立正面的形象,给孩子做好人生的榜样,以此培养孩子优良的品行。

正如俄国伟大的文学家托尔斯泰所说:"教育孩子的实质在于教育自己,而自我教育则是父母影响孩子最有力的方法。"而父母从自我教育延伸出对孩子的基础家庭教育,将对孩子的成长产生重大的影响。它就如一座大厦的基础部分,决定了大厦的风格和高矮。孩子最早接触的世界主要是家庭,而父母是孩子的第一任教师。作为父母,我们应该尽力为孩子树立一个优秀的人生榜样。

家长谈心得

父母作为孩子最早的启蒙终身的教育者,对孩子的教育影响也最深远。父母若想成功地教育自己的子女,必须以身垂范,做孩子的榜样。

✪ 以身作则

父母的一言一行是孩子言行举止的样板,父母的表现就是孩子行为的参照。古人云:"以教人者教己",父母应该在要求孩子具有某些良好品质和习惯之前,自身就已经具备或者做到了。如果父母自身都无法做到或完成的事情,又如何要求孩子去达到呢?

✪ 以身示教

父母口头上的说教对孩子起到的作用往往微乎其微,如果父母能把这些转变成实际行动,让孩子看到自己的身体力行的实践,这样的教育比空洞的说教所起到的作用更明显。谨言慎行,以身示教,都会让孩子对父母产生崇敬,并以父母为榜样模仿效法。让孩子在效仿的过程中,逐渐养成良好的品行。

✪ 言出必行

父母一旦答应了孩子的事一定要兑现,兑现有困难的事不要轻易许诺。如果父母经常言出不行,说话不算话,就会降低在孩子心目中的可信度,孩子对父母的崇信、敬仰与爱戴,就会因为父母的失信而递减。同时,如果父母总是做不到言出必行,经常说话不算话,孩子会在父母行为的影响下同样也变得对自己说出的话不负责任,这样,就给孩子养成了一种不良习惯。

优秀人格的培养
需要良好的环境

环境对一个人的成长起着非常重要的作用,良好的环境是孩子形成正确思想和优秀人格的基础。

——爱伦·凯(瑞典教育家)

故事分享

"昔孟母,择邻处;子不学,断机杼"的名句千古传诵,孟母为了孟子能有良好的成长环境而在其幼年时期所做的努力也成为天下母亲教育子女的榜样。

孟子出生在山东邹城的一个小村子里,孟子三岁丧父,家境贫寒,和母亲过着相依为命的生活。起初,孟子的家住在一片墓地附近,这里经常能够看到出殡的人群,所以这里的孩子把模仿成年人送葬当成一种游戏玩耍,孟子也常常兴致勃勃地"抬棺材""埋死人"。孟母看到这样的情况,觉得这样的环境会影响孩子读书,妨碍孩子正常思想的形成,让孩子走向不健康的道路。

于是孟母决定搬家,她带着孟子搬到庙户营村,也就是现在邹城市的西北部。当时,这里是一处繁华的集镇。村里总是有人来人往的闹市,孟子逐渐与集市中商人的孩子一起模仿商贩的叫卖吆喝以及交易时的讨价还价。孟母觉得这里仍然不是培养孩子的理想场所,这样下去,孩子很容易受小商贩的影响而不认真读书。

在这个集镇上刚刚居住了半年的孟母,毅然决定再一次搬迁自己的住处。他们搬到了学宫的旁边。这所学宫位于现在邹城南门崇教门外路东,是孔子之孙子思设宫讲学的地方,后人称它为"子思书院"。

孟母这才对孟子的生活环境放下心来,她想孟子在如此学习氛围浓厚的地方生活,必然会受到良好的带动和影响,长大以后在书院里读书也方便。果然,天资聪颖的孟子没过多久就被书院里的琅琅读书声吸引,常到书院里跟着学习诗书,演习礼仪。

孟母很高兴自己终于找到了培养孩子的理想场所,从此就在这里定居下来了。后来孟母送孟子入学宫,随子思的弟子学习,使孟子从此走上求学之路。

孟母是一位颇有见地、善于教子的贤德女性。孟子能够成为中兴儒学的"亚圣",成为儒家思想体系中地位仅次于孔子的人,都得益于他的母亲为他提供的良好的成长环境。

老师谈启发

成长环境对孩子的影响是终生都难以磨灭的,只有良好的成长环境才能给孩子成长带来积极的作用。下面就列举了良好的成长环境对孩子成长的影响,让我们一起来学习一下。

✪ 推动孩子智力的发展

父母是孩子的第一任老师,早期孩子的教育、智力开发也是由父母来完成的。教育环境的好坏直接影响孩子今后的学习。恶劣的成长环境,往往影响孩子早期的智力开发,导致孩子的心智不健全。而良好的成长环境,则会推动并完善孩子智力的发展情况。

❂ 帮助孩子养成良好的习惯

孩子的诸多习惯都是在幼年时期形成的,如生活起居的习惯、饮食的习惯、学习的习惯、读书的习惯,等等。而良好的习惯与良好的成长环境是密不可分的,良好的习惯能让孩子收益一生,"孟母择处"的故事就印证了这一点。

❂ 有利于形成孩子公正的世界观

恶劣的成长环境会给孩子带来歪曲的世界认知。只有良好的成长环境才能给孩子提供良好的教育,有了良好的教育才能有良好的意识,从而逐渐形成孩子正面的、积极的世界观。

良好的成长环境,对孩子的健康成长是十分重要与迫切的。为此,每个父母都应当重视孩子的成长环境,并努力来给孩子创造良好的成长环境,促进孩子健康成长。

家长谈心得

成长环境会对孩子起到耳濡目染、潜移默化的作用,孩子的习惯、思维、世界观都是在其成长环境下逐渐形成的。作为家长,如何才能为孩子创造一个良好的成长环境呢? 不妨从下面几点着手去试一试。

❂ 建立温馨、和谐的家庭气氛

家庭环境在孩子成长环境中所占时间比重最大,影响最深。如果能给孩子一个温馨、和谐的家庭氛围,融洽的亲子关系,更多地给孩子尊重、信任和民主,相信孩子在家庭中一定是快乐而美好的,孩子的心态也必定是阳光、大度的。这样的家庭气氛是孩子身心健康成长的基础。

❂ 形成健康、文明的生活情趣

父母可以有意识地引导孩子培养文明健康的生活情趣。如关心时事形势、热爱科学、爱好音乐文艺、喜欢参加体育活动、注重文化修养、语言文明等。对不文明的东西，父母要善于及时发现并指引孩子尽早识别并不断提高孩子辨别是非能力。

✪ 树立端正、良好的家庭风气

优良的家庭风气，是孩子良好成长环境的重要组成部分，是无形的教育手段，对孩子有重要的影响作用。树立良好的家风，要求家庭成员有良好的伦理道德观念，要形成和睦互助、敬老爱幼、谦让有礼、积极上进、努力学习、诚实守信、热爱劳动、勤俭持家的好风尚。孩子在如此良好的家庭成长环境中才能够健康快乐地成长。

有句话说得好，你是谁并不重要，重要的是和谁在一起。古有"孟母三迁"，足以说明成长环境的重要性。

平等相处是消除叛逆的法宝

"父为子纲"的传统教育观念已经不能被现在的时代所接受，新时代的父母应该彻底抛弃高高在上、板起面孔说教的"架子"，变居高临下为与孩子平等相处，这样，孩子才能变得愿意向父母吐露心声，从和父母"对着干"变为愉快合作。

故事分享

张力对女儿丫丫一向要求严格，所幸女儿生来听话懂事，所以张力在和女儿的教育沟通上基本没有与女儿有过争执。

这个初秋的晚上，刚刚入学的女儿晚上 10 点多了还在看课外书，就是不同意上床睡觉。张力今天很累，想早点休息，可是女儿也不知道怎么了，不管张力如何催促，就是不想睡觉，总说自己睡不着。张力看到女儿的表现，就恼火起来，对女儿吼道："赶紧关灯睡觉，要是还不想睡觉，你今晚就去客厅看书吧，也不用睡觉了！"女儿一听也发起脾气来："去客厅就去客厅，我今晚在客厅睡了！"说着，就自顾自地从卧室走到客厅，在沙发上继续看起书来。

女儿的这一举动让张力犯起嘀咕，孩子怎么变得不像从前一般听话,突然变得叛逆起来?是不是自己今天疲惫的状态影响了跟孩子的沟通?于是,张力调整了自己的情绪,转变了刚才强势的态度,到客厅对女儿说:"丫丫,你刚才说睡不着是有什么原因吗?是不是今天在学校里碰到什么事情了?"

女儿听到妈妈的话,放下了手中的书,抬头看着妈妈说:"没有什么事情,可能是今天下午我们上了开学以来的第一堂体育课,老师让我当体育委员,可能是我太高兴了,所以现在一点儿也不想睡觉。"说完,丫丫还不好意思地冲妈妈笑了笑。张力抱起丫丫高兴地说:"哈哈,这么好的事情你怎么不早点儿跟妈妈分享啊!走,进卧室,跟妈妈讲讲老师为什么偏偏选你当体育委员。"张力拉着丫丫的手,回到卧室,母女两人开心地聊完了今天体育课的事情,愉快地一同进入了梦乡。

老师谈启发

亲子关系应该是人与人之间最亲近的关系。随着时代的发展、青少年的日趋早熟,如果父母不能抛弃"父为子纲"的陈旧育子观念,跟随时代的潮流与子女平等相处,那么父母与孩子之间的隔阂有可能会越来越大。

如果父母总是不能与孩子平等相处,那么父母与孩子之间就不能互相理解。父母总是"高高在上"地给孩子灌输自己的想法,而不去考虑孩子是否够能够理解、是否能心悦诚服地接受,这样与孩子的相处方式一定不能起到好的作用。在孩子心中,他们希望父母做自己的知心朋友,而不只是长辈,更不希望父母摆出一副长者姿态动辄训人。

尽管在父母眼中,孩子始终都是孩子。但是,孩子作为一个独立的个体是有自己的想法的,他们也是有自尊心的。父母所谓的"不听话""对着干"等逆反心理和现象,其实是父母们没有以平等的方式、真诚的态度与孩子像朋友一般的沟通。只有平等沟通,孩子才愿意向父母吐露心声,父母才能在了解孩子真实想法的基础上,有针对性地跟孩子交流,达到教育的目的。孩子也才能从"不听话""对着干"转变成"愉快合作"。

家长谈心得

孩子出现叛逆的时候,大多时候是因为在父母眼中孩子的行为或想法偏离正确的道路,而孩子认为自己的做法是正确的。这里就存在一个分歧,这种分歧的出现,在孩子的成长过程中是非常正常的。孩子在与父母的沟通中得以成长。父母在面对这些分歧的时候,如果能放下架子,把握住机会,适时扮演不同的角色,教他反省、改正,以建立正确行为,相信一定可以真正走进孩子的心里,帮助孩子健康地成长。

✪ 尽到做父母的责任

父母对孩子的教育,是父母不能推卸的责任和义务。给孩子营造一个好的教育氛围,以身作则,给孩子做合格的榜样都是父母对子女教育的重要组成部分。无论工作多么繁忙,也不能放松对孩子的教育,造成孩子日后成长的遗憾。

✪ 做孩子的人生良师

父母是孩子的第一任老师,当孩子的自我控制力、注意力、观察力都处于萌芽状态的时候,父母们就要像老师一样,正确认识孩子的成长规律,静下心仔细分析孩子在想什么、应该如何帮助他,耐心地指导督促孩子。引导孩子在正确的方向上前行。

✪ 成为孩子的知心朋友

如果父母能抱着与孩子平等的心态,以朋友的角色出现在孩子的生活中,倾听他们的故事,分享他们的喜怒哀乐,对于孩子将是一件多么快乐的事情呢?当孩子把父母作为自己的知心朋

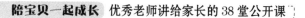

友倾诉心声的时候,父母们还怎么会与孩子有那么多冲突和不理解呢?所以,成为孩子的知心朋友才能更好地与孩子沟通,也才能更好地对孩子进行教育。

父母想要消除孩子的叛逆,首先要学会跟孩子平等地相处。在与孩子平等的基础上才能了解透视孩子的内心世界,如果父母能够成为孩子的良师益友,相信家里的亲子关系一定会更融洽一些。让教育在孩子的陪伴和支持中,慢慢地生根、发芽,让孩子能够更科学、更健康地茁壮成长。

智力和能力需要
温和态度的浇灌

　　父母对孩子的态度非常重要,影响孩子智力和能力的发展,影响孩子的行为和道德发展。父母为孩子的成长提供大量的实践材料,孩子的各种行为都受父母态度的影响和强化。孩子处理事情的方式,对待人际关系的方式,孩子的自尊、自信、自主性、意志力都受父母态度的影响。

故事分享

　　许梅的儿子在小学一至三年级的学习成绩一直不冒尖,但也不算坏,许梅从来没有多费心过,别人也都夸她的儿子聪明懂事,嘴也甜。许梅为此非常骄傲和自豪。可是儿子自从上四年级后,学习成绩一落千丈,逆反心理也非常强。

　　这一年的周末家里经常充满火药味。儿子英语出现不及格时,许梅找了一对一的老师每周进行补课,结果一学期花了3 000元,成绩还是不及格。母子俩也总是话不投机半句多,说不了两句就会吵起来。许梅和丈夫也因为儿子的教育问题经常拌嘴。许梅非常痛苦,不知道该怎么办,无意间对儿子说话也变得尖刻。

　　有一次许梅当着孩子的面说:"人家怎么养那么好的孩子,

每次考试都那么好,我怎么养了个这么笨的孩子?"孩子反应很快,接着回了许梅一句说:"我怎么遇见了这么笨的妈妈,人家妈妈都是当厂长的,你干的啥?"弄得许梅哑口无言。

许梅不得不仔细反思,到底哪里出了问题。她感觉到是自己对孩子的态度变了,许梅决定改正自己的态度,要向从前一样,对孩子保持温和的态度。之后,无论孩子做什么,许梅总是用耐心、温和的态度去对待。

两个月过去了,奇迹出现了,孩子和许梅都有很大的变化,孩子不再和她作对,有什么事情还会主动地请教她,也知道关心人了。星期天许梅去值班时,孩子还会嘱咐她说:"妈妈你放心去吧,我在家会管住我自己,路上要小心。"孩子写作业也比以前快多了,也知道努力,每次周末回家都会让他爸给他辅导语文、数学等课目。虽然现在孩子英语还不是太好,但许梅坚信他早晚会赶上的。

这个案例说明:父母对孩子的态度不仅影响孩子的智力发展和学习,也影响孩子能力和人格的发展。

老师谈启发

父母和教师对待孩子的态度对孩子能力的形成有很大的影响。如果父母认为孩子在平均智力水平以上,那么孩子的态度往往是积极的,对周围事物的看法也是乐观和自信的。

那么,对于孩子智力和能力的表现,父母的态度和孩子的实践水平到底是哪一方面的影响会更大一些呢?

事实上,父母的态度和孩子的实践水平是互为因果的。父母的态度对孩子的智力和能力有巨大的影响。即使孩子的确差一些,父母以温和的态度对待孩子,更多地给孩子以积极的评价,就会帮助孩子建立起信心,使他们更努力地去实践。消极态度和评价只能使孩子的信心更差,其结果会使孩子的表现更差。

父母对孩子的态度不仅影响孩子的智力发展和学习，也影响孩子其他能力和人格的发展，如孩子的社会适应能力、人际交往能力、自主能力、独立能力等。这些能力的培养与其童年时代有一定关系：父母是用温和的态度鼓励孩子去和其他孩子交往，还是限制孩子的交往；父母是有意让孩子在某种环境受到挫折时，得到锻炼，还是害怕孩子受到挫折从而把孩子保护起来；当孩子受到挫折时是帮助、鼓励孩子，还是讽刺、嘲笑、忽视孩子，甚至让孩子在挫折面前选择逃避。

父母对孩子持消极粗暴的态度，孩子的行为则会往不良或不健康的方面发展；父母对孩子持积极温和的态度，孩子的行为则会往健康的方面发展。只有在父母温和的态度下，在父母的鼓励和帮助下，孩子才能建立起较好的自我评价和自我意向，建立起自信心，发展自己的自主能力、独立能力和其他社会能力，为以后奠定下良好的基础。

家长谈心得

父母有时候也想温和对待孩子，但往往控制不住自己的情绪，不知道自己该怎么样才能做到？家长朋友可以按照下面的方法来做做看，你一定会发现：其实用温和的态度对待孩子并不是一件难事。

★ 父母要控制情绪，平衡心态

当孩子犯了错误或做出一些令父母难以接受的行为时，有的父母会一时过于激动，控制不了自己的情绪，打断甚至不听孩子的解释，对孩子采取训斥或粗暴的打骂。的确，孩子在父母的大吼大叫下，会表现得听话、服从，但这样的方法会使你逐渐无法控制局面。孩子因为受到惊吓，不仅影响其稳定的情绪和心理发育；之后会逐渐变得有错也不向父母说，采取隐瞒、撒谎等方法来逃避父母的斥骂。久而久之也会像父母一样以同样的手段对待别人。所以父母应该学会控制自己的情绪，从孩子的角度出发，用温和的态度对孩子讲清楚问题的后果，让孩子认识自己的错误，同时也可以用温和的语气进行适当的批评。

如果在和孩子的谈话中，孩子的意见和自己有冲突，要冷静地分析一下孩子的意见是否正确。正确的，给予支持；错误的，父母应该在商讨的气氛中用温和的态度给孩子分析，不能一味地否定孩子的意见，不然会使孩子养成孤僻的性格。

❂ 要学会对孩子的错误"冷处理"

"冷处理"，顾名思义，就是对事情不立即解决，而是暂时不去理会当时的情况，待孩子冷静了之后再对事情本身进行处理。当孩子犯了错误，父母们要学会先让自己平静下来，同时也是给孩子一个冷静的时间。当彼此都处在情绪激动的情况下时，言语和行为都会出现不合时宜的地方。只有在平和的心态之下，父母和孩子才能客观地阐述问题，并找到最终解决问题的最好方式。

❂ 不要让自己的坏情绪感染孩子

父母在日常生活当中遇到的挑战和压力是孩子无法预知的，当我们受到外界压力、不公的时候，要学会控制自己的不良情绪，不把这样的不良情绪带回家并感染给孩子，让孩子来承受本不应该有的压力和负面情绪。尽管这样的控制对父母来讲很不容易，但是，为了孩子的健康成长，我们要学会始终保持温和的态度来对待自己的孩子。

走进孩子内心的交流艺术

父母与孩子沟通一定要讲究艺术，只有敞开自己的心扉，才能引起孩子感情上的共鸣，从而与孩子建立起一种相互信任的关系，使亲子关系融洽。父母只有向孩子敞开自己的心扉，才能得到孩子的认同，从而促进亲子关系的发展。

故事分享

这个月程伟下岗了，可是这个情况他一直独自承受着并没有跟爱人和女儿分享，只是每天照常独自出门，直到下班的时间再回家。

有一天，他刚回到家，女儿朵朵就悄悄地跑到他的房间问他"爸爸，我觉得你最近不开心，你是不是不上班了？"程伟纳闷朵朵为什么会这么问自己，然后对朵朵说"爸爸不是每天都在按时上班吗？你怎么会这么问爸爸呢？"朵朵没有回答爸爸，只是不太高兴地走开了。

自打朵朵问过程伟之后，程伟发现朵朵变得不太愿意跟自己说话了，他一直觉得很奇怪不知道为什么会这样。直到有一天，他从邻居口中得知，前几天朵朵在上学的路上看见自己在公园里闲转,可是却说自己去上班了。朵朵跟邻居说,他爸爸骗她,她再也不理爸爸了。

知道了朵朵的"心事"后,程伟很是苦恼。

其实这件事是完全可以避免的。如果程伟能相信朵朵并向朵朵敞开心扉,坦诚地进行一次沟通,相信朵朵一定会理解爸爸,不至于会出现上述的尴尬。

老师谈启发

父母只有在尊重和信赖孩子的基础上向孩子敞开自己的心扉,才能够得到孩子的认同,从而走进孩子的内心并建立起良好的亲子关系。只有在良好的亲子关系的前提下,父母才能更好地对孩子进行科学的教育。

作为家长能够向孩子敞开心扉地交流,且走进孩子的内心,这是一种交流的艺术。大多数人能够接受这个观点,但做不到。如何才能悄无声息地让孩子在轻松的状态下让我们了解到孩子的内心活动,从而加深亲子之间的感情呢?作为父母,不妨从以下几个方面入手做做看。

✪ 让孩子了解你的工作状况

工作作为生活的一部分,已经越来越多地影响着我们的生活。父母们往往会把工作中的状态带到家里来。如果我们能明确地告诉孩子:现在在做什么样的工作,这样的工作代表什么样的意义,甚至跟孩子讲讲工作中的细节,聊聊工作中的各种亲身体验,这样的做法不仅能让孩子了解了父母的工作情况,体会到父母的工作状态,拉近与孩子心理的距离,也让孩子认识到工作的意义和价值。

✪ 告诉孩子你的隐私或秘密

每个人都会有自己的隐私和秘密,父母的隐私或秘密要不要跟孩子来分享呢？大多数父母会觉得孩子小，不懂事，如果告诉孩子之后，他们再把自己的隐私或秘密告诉其他人，那岂不是一件非常难堪的事情。其实，当父母把自己的隐私或秘密告诉孩子的时候，孩子心里更多感受到的是父母把自己作为知己的信任，他们也会将自己的心事与父母分享和交流。

家长谈心得

父母与子女之间沟通、了解的需求是双向的。父母想要了解孩子的内心世界，孩子也想看看到底父母心里是怎么想的。父母应平等、尊重地对待孩子，主动对孩子敞开心扉，让孩子也了解大人的生活和情感，还要注意哪些方面才能更好掌握亲子之间沟通的艺术，让彼此走进对方的心里呢？

✪ 创造合适的交谈机会

沟通都是从交谈开始的，如果父母能自主地多创造一些与孩子的交流机会，相信一定会有助于拉近父母与孩子的心理距离。当然，一个好的开始才能引起孩子愿意交流的意愿，例如，在周末户外活动结束后回家的路上、一起做家务的时候，往往是孩子讲话的欲望更多的时候。这时候，父母如果能够抓住这样的机会，跟孩子创造一些没有压力感的交流，父母一定能够从中更多地了解孩子内心的真实想法。

✪ 间接地提出问题

父母虽然迫切想要了解孩子的真实想法，直接的询问往往不会收到太好的效果。当孩子为某事烦心，或者情绪低落的时候，直面的问题反而会让孩子出现逃避问题，甚至闭口不谈的情况。如果父母能够让孩子在没有戒备心理的情况下，巧妙地、间接地将想要知道的问题以委婉的方式引出，孩子才能更好地把自己心里的想法讲出来。

✪ 控制自己的反应

在孩子向父母敞开心扉之前，父母要做好适当的心理准备。因为当孩子对你讲出自己的真实想法或做法时，你会发现他们的一些想法或做法是错误的，有时甚至是令人失望的。但正因为如此，父母才能够发现孩子的不足，才能够有的放矢地指导孩子。所以，此时父母要控制到自己的情绪，让孩子完整全面地将问题暴露出来，父母再有针对性地找到解决问题的方法，指引孩子想正确的方向发展。

学会与孩子一起分享
喜怒哀乐

日本作家森村诚一说过:"幸福越是与人分享,它的价值便越会增加。"懂得"分享"的人是幸福的,因为他在"分享"的过程中实现了自己存在的价值,同时也让"享"的人感受到了真爱和温暖。

故事分享

杨小柳的姥姥每次炒出香喷喷的菜后,总要先用小盘盛出来一些。有一天,杨小柳忍不住问姥姥,"姥姥,为什么炒出来的菜,你总要单独盛出来一盘呢?""留给你妈妈呀,她还没有下班呢!"姥姥说着,同时把饭锅盖严:"小柳,你盛过饭后要记得把盖盖紧,不然等你妈回来饭就凉了。""嗯,我知道了。"小柳一边回应着姥姥,一边往小盘里看,发现姥姥留下的菜又多又好。

有一次,她神神秘秘地跑来告诉妈妈:"妈,我告诉你一个秘密吧!在姥姥家,谁晚回家吃饭谁合适!"妈妈对她笑着说:"傻孩子,那是姥姥对妈妈的爱啊!"

小柳在六年级时,一个周末的下午,妈妈正在单位加班。突然接到小柳从姥姥家打来电话:"妈,你今天下班回姥姥家好吗?

有好事！你早点回来！""好！"小柳妈答应得特痛快,手里加快速度干活。一个小时过去了,"妈,你怎么还不回来呀?"小柳又打电话催促妈妈。快7点了,"好!我很快就回去。有什么好事呀?可不可以先透露透露啊?"妈妈问道。"我不告诉你!等你回来就知道了!"小柳卖起了关子。

9点了,天早就黑了,妈妈终于下班回到家,女儿已经睡了。"你这女儿真没白疼,"小柳姥姥说着,把小柳妈领进厨房,"你看看,这是你宝贝女儿亲自下厨炒的黄瓜虾仁。她一直等着你回来,想和你一块吃,可你老不回来!你看,都给你留出来了,全是大虾仁。小的她自己吃了!"

小柳的杰作:一小碗虾仁!每个虾仁的脖子上套了一片黄瓜!整道菜竟然五彩缤纷:白色、粉色、绿色,真美!妈妈足以体会到孩子在制作这道菜时的那份用心!她是想和妈妈共同分享这个成果。

12岁的孩子,从家人身上看到并体会到分享这一美德,在其成长的过程中,并自然而然地继承了"分享"这样的品德。在分享的过程中,她同样感受到了分享的快乐。分享,成为凝聚家人的力量。孩子也在分享的快乐中健康茁壮地成长。

老师谈启发

我们每个人都有分享自己喜怒哀乐的心理需求,那么我们为什么不在亲子关系中利用这一普遍心理需求,让孩子能够更加健康地成长呢?

当父母与孩子分享自己的喜怒哀乐时,会让孩子感受到父母对自己的信任和尊重,同时也让孩子更加敬爱、亲近自己的父母,增加相互的理解与信任。父母则能够更容易地了解孩子的内心世界,从而更好地进行积极的教育影响,教会孩子在社会上怎样做人和与人共事。这样,也使得亲子关系得到了调节,拉近了父母与孩子的心。

在同孩子分享彼此心情的过程中,父母将扮演三种角色:倾听者,倾听孩子的心声,获得更多的信息,成为孩子的亲密朋友;指导者,发现不良问题时,及时调整、引导、提醒,对孩子施予正面影响;协助者,帮助孩子发现问题,解决问题,顺利成长。这三种角色并不一定同时进行,有时也只需要父母扮演其中某一种角色。但是,这三种角色,都需要父母能够有把控的能力。

能在孩子的成长过程中分享孩子的点点滴滴,并能够或多或少参与进去,无论喜乐烦恼,对于父母来说都是一种幸福。

家长谈心得

家长怎样做才能更好地和孩子完成分享过程,并在分享喜怒哀乐的同时对孩子进行有效的教育引导呢?我们不妨按照下面的方法来做做看,你一定会发现:其实要做到和孩子一起分享喜怒哀乐并不难。

✪ 增加和孩子情感交流的机会

俗话说"日久生情",亲子之间的感情也是需要日积月累的。父母对孩子付出越多感情交流的时间,亲子感情也会越加深沉、浓厚。给孩子一个温情的眼神、一个大大的拥抱,甚至一个歉意的微笑,都会让孩子感受到父母对自己的情感。时常的交谈更能拉近亲子之间的距离,让孩子更愿意与父母分享自己的喜怒哀乐。

✪ 平和地面对孩子的不足

孩子的内心世界丰富而敏感,当孩子们表现出叛逆、孤僻的情况时,家长一定要控制好自己的情绪,冷静地分析问题原因。孩子表现出来的问题越严重,说明孩子面对的心理困难越大。父母千万不要一味地责备孩子,他们此时恰恰需要更多的关怀和爱。只有父母保持平和的心态与孩子沟通,才有可能发现孩子真正面临的问题并帮助孩子解决问题。

分享是快乐的大门,学会分享,你就进入了快乐城堡。独享是痛苦的大门,只去独享,你就走进了痛苦的泥潭。分享的回报在很多时候算是生活的惊喜,分享的习惯除了拥有朋友、拥有关怀,还拥有不一样的体验和经历!父母和孩子一起分享生活中的喜怒哀乐,不但有利于亲子关系的拉近,更有利于培养孩子健全的人格,让孩子在健康快乐的环境中茁壮成长,让孩子的心里充满阳光!

父母协商式的尊重是
孩子的需求

对孩子要少下命令，命令只有在其他方式不适用或失败时才用。要像一个善良的立法者一样，不会因为去压迫人而高兴，而因为用不着压迫而高兴。商量的魅力在于，使自己学会从别人的角度思考问题。两代人的沟通，最重要的是相互理解、相互尊重。而实现相互理解、相互尊重的方法就是学会商量。

——斯宾塞（英国）

故事分享

李纲向来喜欢用协商的方式与女儿沟通交流，他为此方法对亲子关系产生的良好效果而感到自豪。他曾在自己的日记里写道：

女儿小的时候，爱趴在我的肩膀上走路，后来长大了，习惯搭着我的肩膀走路。她有时叫我爸爸，有时不经意便直呼其名，父母们如朋友般的亲密令观者很是羡慕。女儿好像从没撒过谎。因为她不必撒谎，在家里可以无话不谈，就是说得不好，也不会受到指责。我习惯和女儿商量她的事以及家里的大小事。我们经常坐在一起聊天，而且我们的观点竟是惊人地接近，很少有相左的时候。

"商量"这个词,在父子、父女之间的使用率一般是不高的,而我们却是将其当准则。面对任何事情,我不端父亲的架子,她不使独生女的性子,商量的格局便形成了,还在孩子很小的时候,便约定俗成。比如她看中了一个玩具,我觉得不妥,便和她商量可不可以不要,强压她可不服,糊弄缺乏诚信,商量是最佳途径,她一般能接受,欢天喜地地放弃初衷。

她参加工作后上班不方便,和我商量要买辆车并希望我出三分之二的钱,我愉快地掏了腰包。我父亲以前总是命令式的:你去干什么。如今我用商量地口吻对女儿说:你能不能帮我干什么。

女儿似乎没有瞒着我的秘密。她念高中的时候,有男孩子给她递求爱条子的事却愿意对我讲。正因为有这样宽松的环境,我的一些观点便可以渗透到她的判断中,她才不至于在个人情感生活中出现大的波折。

我家里的所有抽屉都没有锁,女儿可以翻看任何东西,可以随便拿到钱。她很小就尽知家底,我也不对她保密。信任是家庭宽松环境的重要因素。

我内心的不快也愿意向女儿透露,我拿不定主意的事情乐于征求她的意见,她还小的时候我便将诸如选择购房这样重大的事情和她商量。

喜欢与孩子协商的父母是民主的父母。在这样的家庭氛围中,孩子渐渐养成了民主协商的习惯,父母与孩子无论是谁,面对没有把握的问题都愿意主动与对方进行沟通,这样的亲子关系是非常令人羡慕的。

老师谈启发

根据马斯洛的需要层次理论,受尊重的需要是人类较高层次的需要。一旦这种需要无法获得满足,人们就会产生沮丧、失落等负面情绪。而人与人之间的相互协商恰恰能够让人满足对尊重的需要。

如果父母能够多跟孩子协商，孩子就能感受到父母对他们的尊重，继而满足孩子受尊重的需求。孩子也会因此而变得乐意与父母交流，亲子之间的交流也就随之更加顺畅。

明智的父母会努力地学习如何跟孩子协商。协商的过程不仅会增强亲子之间的相互理解，也可以避免家庭中一些无谓的争吵；而更重要的是它可以潜移默化地把父母的想法传递给孩子，避免孩子走不必要的弯路。

家长谈心得

美国成功学家卡耐基说过，用"建议"，而不下"命令"，不但能维持对方的自尊，而且能使他乐于改正错误，并与你合作。当子女的想法、情趣、喜好和父母有分歧时，父母要怎样运用尊重的协商方式与子女沟通，并找到正确的解决途径呢？

✪ 以协商的口吻处理亲子冲突

当与孩子出现思想上的冲突时，有些父母不愿意自己的父母权威受到挑战，希望以父母的权威来压制孩子，使孩子改变主意。这些父母们往往会忽视一点，在冲突面前，每个人都不希望被他人压制。如果采用强制的方法，孩子不仅不会听从父母的意见，反而会产生逆反心理，恶化亲子关系。如果父母能够学会使用协商的口吻，让孩子体验到父母的尊重，体验到人格的平等，与孩子进行协商来处理问题，这样，孩子才会愿意接受父母的建议，共同解决问题。

✪ 孩子的事情一定要与孩子协商

随着孩子的不断成长，孩子的事情一定要放手让孩子自己去选择，父母的意见只能通过建议或者协商的方式传达给孩子。

即使父母有自己的想法,也要通过协商的方式,把自己的意见传达给孩子,让孩子权衡利弊后再做出选择。要重视孩子们自身的努力和主观能动性,帮助孩子全面地认识问题,学会与孩子协商,最后取得孩子的同意和认同。

✪ 和孩子"约法三章"

当遇到孩子有不良的行为和思想时,父母也不要简单粗暴地"命令"孩子去改变自己,或者自作主张地制定规则让孩子去执行和遵守。此时,父母可以站在互相尊重的角度,以协商的方式,跟孩子"约法三章"。这里讲的"约法三章"一定是双方欣然接受并愿意执行的。"约法三章"的目的是要帮助孩子约束自己,让孩子慢慢意识到问题所在,而不是要惩罚子女,父母要注意避免产生不必要的亲子冲突。

孩子的真实想法需要宣泄

每个人都期待有个美满的家庭,但若要家庭充满温馨与幸福的感觉,首先就得做到良好的亲子沟通。许多父母,遇到孩子叛逆时,大都会摇头,大吐苦水,不清楚孩子到底在想些什么。

故事分享

欣欣从奶奶家搬回自己家住了,这天,妈妈特意早早去菜市场买了菜,准备中午的时候好好庆祝一下。

妈妈在厨房里高兴地忙活着,不一会,欣欣最爱吃的西红柿炒鸡蛋就被妈妈端上了餐桌,妈妈紧接着继续走进厨房做其他的菜。可是等妈妈再次来到桌旁时,欣欣已经把桌上的西红柿炒鸡蛋吃了个底朝天。妈妈看到后并没有责骂欣欣,只是对她说:"吃饭的时候,要等大家都到齐了,再开始吃饭才对。"

欣欣没有说话,但是却在一旁悄悄地抹起了眼泪。妈妈看到欣欣难过的样子,走到欣欣身边,拉起欣欣的小手,问:"欣欣为什么要哭呢?是妈妈刚才的话让你难过了吗?"欣欣委屈地看看妈妈说:"在奶奶家的时候,我吃得越多,奶奶就越高兴,我以为我吃得多妈妈也会开心的。"妈妈这才明白欣欣为什么这样做,妈妈一边安慰欣欣，一边告诉欣欣传统的餐桌礼仪。欣欣听了妈妈的话，明白了妈妈所讲的道理。

在孩子表达自己情感时，父母应该多听听孩子真实的想法，才能对孩子因势利导，帮助孩子明辨是非曲直。

老师谈启发

孩子在少年时期考虑问题都是单纯的，甚至有时候是幼稚的。如果此时，父母对孩子妄下结论，轻视或嘲笑他，就会让孩子产生失望、沮丧的情绪。因此，父母要学会耐心地倾听孩子的诉说，让孩子体会到关爱，与他一起讨论解决问题的办法。这样才能让孩子对父母更加亲近与尊敬，向父母倾诉、宣泄自己的想法，父母从而对孩子进行目标明确的指导。

虽然很多父母跟孩子朝夕相处，但他们并不了解孩子的真实想法，他们也就难以有效地引导教育孩子。想让孩子向自己倾诉真实的想法，首先要让孩子面对父母始终是亲近、放松的状态。父母与孩子相处的大部分时间，应当轻松愉快，和他进行朋友式的谈心与游乐，也可以一起打闹和开玩笑，让家庭充满幽默和情趣。与孩子说话时，应当以信任亲切的目光看着他，让孩子说话时看着自己。因为目光的接触本身就是一种交流。其次，父母可以通过培养与孩子共同的爱好来培养共同的兴趣爱好，增加亲子之间的共同语言，如与孩子下棋、一起听音乐、看球赛、游泳等。在与孩子的谈天说地中，让孩子毫无顾忌地敞开胸怀发表自己的想法和看法，父母再加以评论与引导，着重对事态的现状，进行一些得失利害的分析，鼓励他自己去面对与战胜困难。孩子说出了心里话，尽管有时很荒唐，父母也应该能够理解，不要随意地指责孩子，并让孩子意识到他们的意见父母是重视的。

家长谈心得

孩子的成长过程中必然伴随着过失、错误。在面对这些问题的时候,父母平和的心态和语重心长的开导才能让孩子放下心中的愧疚,向父母讲明自己心中的真实想法。也只有在这样的情形下,孩子才有可能正确地认识到错误,并努力去改正。如何才能让孩子无所顾虑地向父母宣泄内心的想法和情感呢?

✪ 多和孩子聊天

很多父母总觉得自己很忙,没有时间也没有心情跟孩子聊天,但是他们忽视了聊天是了解孩子们的想法最有效的方式。

有智慧的父母,无论再忙,也会尽量找出时间和孩子聊天,做温馨的亲子对话。在和孩子沟通的过程中多听听孩子的想法,也适时地对他说些道理,给孩子适当的管教。在一次又一次的聊天中,根据孩子的想法和特点让他对错误有所认识,知道怎样才是正确的做法。当孩子犯错的那一刹那,心里自然而然就会出现一股约束力量,知道父母曾告诉他不可以这样,错事就可以不必发生了。

✪ 学习倾听孩子的话语

如果父母想让孩子耐心地听完自己的话,那就要首先自己学会倾听孩子的话语,并养成倾听的习惯。其实,想做到这一点也并不难,只要在孩子讲话时,不去打岔,适时地点头、微笑,或以简单的言语鼓励他说下去,并且保证自己尽量少说就可以了。当孩子发现父母有兴趣聆听他的"故事",他一定会有兴趣说给你听。在倾听的过程中,你会知道他在学校和老师、同学的相处情形,他在班上暗恋的对象是谁,哪个同学有欺负人的习惯,他最讨厌哪门功课,等等,这些其实你平时就想要知道,但是问不出来的事情。

✪ 鼓励、说理代替责骂

从谈心、聊天开始的沟通，通常比说教、责骂更能起到教育孩子的作用。当孩子喜欢把"懒得理你"时常挂在嘴边时，就已经说明他们有一段时间不愿意跟父母好好的沟通了。在这种沟通"不畅"甚至"免谈"的情况下，父母又怎么能对孩子施加教育和影响呢？良好的沟通才是施教的前提，如果父母们能把责骂改成对孩子温和的言语鼓励，耐心地讲道理，孩子才能够在和谐的教育氛围中更健康、快乐地成长。

听懂孩子的弦外之音

"我是你的孩子,所以你要理解我所说的话。请不要笑,这不是让你笑的,而是让你听懂的,否则我不原谅你。"

说这话的是一个法国小姑娘,她还在读幼儿园。这位小姑娘的话启发父母们应注意在家庭教育中要善听孩子的弦外之音,才能明白孩子的真实意图。

故事分享

一个闷热的下午,何洁浑身是汗地骑着自行车去接正要放学的女儿。接到女儿之后,她还要赶回家做全家人的晚饭。她到了学校,不一会,就看见女儿径直地走出校门,一屁股坐上她的自行车后座,一路上一边叹气一边唠唠叨叨地讲学校的事情。何洁忙着往家赶,根本就没有发现女儿情绪上的变化,也没在意孩子到底在讲什么。

渐渐地,女儿的声音弱了下来。她停下了唠叨,默默地任凭妈妈带着自己急匆匆地穿梭在人群中。到家之后,女儿对何洁说:"妈妈,晚饭不用做我的了,我没有胃口。"何洁听到女儿的话,不高兴地说:"又犯什么毛病了,连饭也懒得吃!"谁知话音未落,女儿放下书包就跑进自己的房间,独自哭了起来。

何洁见此情形,更加生气地冲进女儿的房间,想质问女儿到底怎么回事?可是还没等何洁开口,就只见女儿的小脸通红,然后哽咽着说:"妈妈,你们大人心烦的时候,可以找其他的事情发泄情绪;我们小孩儿心烦的时候,发泄一下就不行吗?你知不知道,我们有时也很难受……"孩子的话使何洁的内心长时间无法平静下来。

何洁心想,自己也曾经是个孩子,女儿此刻的感受自己也曾经经历过的。为什么自己就没能在听到孩子叹气和抱怨的时候,及时地跟孩子沟通,问问孩子面临着怎样的问题呢?也许这些问题正是孩子无法逾越,急需家长帮忙疏导的。

从此之后,何洁对女儿的情绪和话语格外留心,只要听到孩子的言语中另有他意,她都会及时地跟孩子沟通,努力去了解孩子当时遇到的问题并帮助孩子一起解决。不知不觉中,她与孩子也变成彼此交心的好朋友。

老师谈启发

学会倾听孩子的弦外之音,可以增进亲子的沟通,促进相互的理解。一个孩子就是一个世界。如果父母们能听懂孩子的弦外之音,你会发现在他们的话语中、思想中,有属于他们自己对世界的理解和对未来的梦想。

认真听完孩子的话,不仅是在对孩子进行平等做人、平等对待别人、平等对待自己的教育,也是父母走进孩子心灵的有效手段。做孩子忠实的倾听者,是需要父母们付出时间、耐心和包容才能实现的。作为孩子的父母,只有真正换位思考,对孩子的诉说才会认真听下去,才能产生交流中的互动。

父母只有能够成为孩子忠实倾听者才能善于并乐于倾听孩子的话语,才能听得懂孩子话语的弦外之音;才能从孩子的弦外之音中找到思想意图、情绪状态；才能知道孩子正在面临什么样的难题；才能有效地化解孩子的难题，变成孩子的知己，不断提高家庭教育的质量和水平。

父母能够听懂孩子的弦外之音，与孩子成为知己，是建立良好亲子关系重要的因素之一。孩子的成长发展与父母有很大的关系，虽然父母很难去决定孩子这一生所要发展的方向，但在良好的亲子关系的基础上，父母绝对可以给孩子提供良好的发展素材，施加以身作则的行为影响。

家长谈心得

听懂孩子的弦外之音的最主要的目的在于与孩子建立亲密关系，通过与父母共同分担不愉快的感受，父母们帮助他们理解并处理不愉快经历的感受，让孩子减少伤害和压力，同时也逐渐增强了对自己情绪的控制能力。在面对挑战和日常生活中的失意、受挫与他人冲突时，不再依靠父母的保护而是凭自己的力量做出正确的选择。

如何才能听懂孩子的弦外之音呢？下面的几种方法，不妨作为父母们的参考。

✪ 接受和尊重孩子的所有感受

安静、专心地倾听孩子的话语，不需要过多地评判到底孩子哪句话有失妥当。父母应该学会接受和尊重孩子语言表达背后的感受和情绪。有时候，孩子只是想找到一个抒发情绪的窗口和渠道，并不代表孩子将要去做些什么。

✪ 让孩子知道你在听他讲

我们在表达心里的真实感受的时候，如果倾听者只是三心二意、敷衍应付，倾诉者能够很敏感地感受到倾听者的状态，并很快就会失去想要表达的欲望。孩子也是一样，他们的感受也会同样敏锐。所以,当孩子向我们倾诉时,我们要停下正在做的事情,将注意力转向孩子,与孩子保持目光接触,并仔细地听。同时还要通过点头和表情来显示父母对他所说内容的关注。

★ 告诉孩子你所听到的以及你的想法

在孩子表达的过程中,要不时地总结、重述或复述孩子所讲的关键内容,努力体会他的感受,同孩子一起寻找导致这种情景的原因。父母要通过自己的语言让孩子知道你在认真地听他的话,并且说出你对他所说、所想及所感的想法。

★ 对孩子的感受、想法进行总结

在倾听了孩子的表达,了解了孩子的真实想法之后,我们可以对孩子的感受、想法进行适时的总结。当然,总结也要在对孩子尊重的基础上,以委婉的方式传递给孩子。当孩子对你的总结表示否定的时候,可以鼓励孩子帮助父母纠正并让他试着自己总结问题的情况。父母可以适当的时候给予忠告和建议,提供给孩子不同的看问题的角度。如果在孩子自我总结的过程中,能帮助他自我地发掘一些正确的看法和观点那就更好了。

尊重孩子的隐私权

孩子也期望拥有自己的私密空间。千万不要以为"请勿打扰"这四个字只会出现在宾馆门把手上。实际上，孩子也会在自己心灵深处的某个地方上一把心锁，并在那把心锁上昭然若揭地标明"请勿打扰"，即使对父母也不例外。

故事分享

在淘淘心中一直有个很困扰她的事情，在她感到很无助的时候，她给某家心理咨询所写了一封信：

老师，我有一个很大的烦恼，妈妈总是偷偷地私拆我的信件。我去找妈妈讲这件事情，我想告诉妈妈，其实跟我信件往来的都是我的朋友，他们都是在暑假辅导班和夏令营的时候认识的。我们信件的内容无非就是互相抱怨一下老师布置的作业太多，压力太大，有时候也会交流一下学习的心得。但是每当我想跟妈妈聊这件事情的时候，妈妈总是不承认。而我的信件一到家妈妈准保要先自己看完，之后再封好了给我。我觉得自己已经不再是小孩子了，应当拥有自己的朋友圈，而妈妈总是想进入我的朋友圈一探究竟，我感到妈妈这样做是不尊重我。

老师,你说我妈妈这样做对吗?我好想跟妈妈好好聊聊这件事情,可是妈妈总是回避不谈,你能告诉我该怎么办吗?

老师谈启发

随着孩子的成长,独立、自我的意识逐渐形成,孩子就会有属于自己的"小秘密",而这些"小秘密"是不希望跟父母分享的,父母对孩子的担忧和不放心很多时候就使用了不恰当的方法干涉孩子的生活。父母对待孩子这种不恰当的方式恰恰体现了父母们对孩子的不尊重,要明白孩子也是独立的个体,随着他们的成长,他们对个人的独立和尊重的要求越来越强烈。

孩子反对父母私拆他们的信件、偷看他们的日记,正是他们独立意识和自尊意识的体现。随着他们这些意识的增强,他们对父母的依赖减少,也希望父母能尊重他们的自主性和独立性。他们生活领域的扩大,使他们的知识信息量增多,他们的内心变得更加敏感,感情变得更加细腻。他们出现了与父母不同的想法,同时也有了自己的秘密和隐私,于是他们跟父母的沟通可能会明显减少,将自己的很多想法写进自己的日记,或者跟自己的同龄人去分享和讨论。这也正是父母们因为不能掌握孩子的所有想法而担心孩子的原因。

当孩子有这样的表现时,父母大可不必紧张、慌乱,这些表现都是孩子走向社会、拥有独立人格的前奏。父母万万不可假借关爱之名,对孩子的秘密和隐私想方设法地窥视、探测,这些不恰当的做法侵犯了孩子的隐私权,成为孩子心理发展的绊脚石。

也有许多父母其实是怀着一种矛盾的心情翻看孩子日记的——心里明明知道翻看孩子日记本和信件是不妥的,因为害怕孩子受到外界不良因素的影响,"学坏了"而无奈地选择"偷窥"。但是,并不是只能用这么一种不恰当的方式才能了解到孩子的想法,平时多注意亲子交流,特别是在充分尊重孩子人格与隐私的基础上,平等对话,交流情感,循循善诱,让子女主动敞开心扉,恐怕是避免这种矛盾的最好办法了。

家长谈心得

孩子大了,心中自然会有不愿告诉他人的秘密。尽管孩子内心世界的秘密里有正确的也有错误的东西,但这是孩子成长成熟的表现,也是孩子成长过程中的正常现象。父母对此应该予以尊重和理解,千万不能因为子女不再像以往那样和自己说心里话、有事瞒着自己或给抽屉上锁而心急、焦虑,更不要采取"偷看"之类的方法。否则,只会给孩子的心灵蒙上沉重的阴影。父母可以试着去了解他们,与他们沟通、闲聊,营造家庭内部的民主、温馨气氛;让孩子对父母多一份信任,减少对日记本的"感情依赖",鼓励他们与父母共享心灵的良好方法。

毫无疑问,保护孩子的"隐秘世界"是对孩子的尊重,父母也会因此赢得孩子的敬重和爱戴。那么,父母应该如何对待孩子的隐私和秘密呢?

✪ 用心体察孩子举止的蛛丝马迹

随着孩子的成长,生活涉及范围的增广,孩子会自然地接触到复杂的社会环境中的一些不健康的因素。如抽烟喝酒的不良嗜好、结交一些不三不四的朋友、晚间外出甚至彻夜不归、早恋等一些品行变化和心理动态。只要父母时刻用心地体察孩子的行为举止变化就能够及时地发现并掌握孩子的这些"隐秘世界"的蛛丝马迹,针对这些不良改变,施加正确的引导。

✪ 理解沟通,尊重孩子的隐私和秘密

孩子有自己隐私和秘密是人格发展的必然要求,父母对此应报以理解和尊重的态度。父母对孩子思想、行为的了解可以通过其他的方式来实现,例如,经常主动地找孩子交谈,达到与孩子

情感上的沟通,营造家庭中平等、民主、理解、宽松的行为模式,使孩子感到对父母不断地加深信任,成为生活中可以信赖的朋友。这样一来,孩子也很愿意把自己心中的秘密告诉父母。

✪ 有的放矢,引导孩子健康成长

尽管孩子的自主意识增强,但正确的人生观尚未形成,是非观念不强,缺乏自我克制的能力,在处理学业、情感、人际关系、生活等许多方面,还不可能把握好尺寸。因而父母在细心观察孩子的思想动态、掌握孩子内心隐秘的同时,要根据其性格、爱好等,有针对性地采取措施,培养孩子分辨是非的能力,树立正确的人生观和价值观,使孩子在学习和生活中把握自己的思维、行为,规范自己的品德和人格,使自己学会如何去辨别朋友、增进友谊、处理矛盾,并不断排除和修正内心隐秘世界中非健康的因素。

选择个人喜好是孩子的权利

　　每个人都有各自的兴趣与喜爱，不能勉强别人，也不应该受到勉强。正如我国千百年来的古训"人各有志"。

故事分享

　　许刚在小学三年级就迷上了足球，并且在四年级的时候就加入了学校足球队。加入足球队一定需要付出更多的时间来训练，但是爸爸觉得过多的训练会影响许刚的学习。于是爸爸就想方设法地阻止许刚去训练。

　　今天，又到了周六，是每周唯一一次练球的时间。正当许刚抱着足球准备出门的时候，爸爸出现在门口，告诉许刚今天需要额外做两张试卷，不能去练球了。爸爸话音未落，许刚立即像泄了气的皮球一样，倒在椅子上。许刚心想："我不能一再地向爸爸妥协了，今天我就要跟爸爸好好地把踢球的事情说清楚。"许刚走到爸爸面前，对爸爸说："爸爸为什么只知道让我学习，而不能允许我有一点兴趣爱好的时间？再说，我的学习也不错啊。一星期一次就三个小时的练球时间，我也应该轻松一会儿啊。"可他爸爸说："一星期三个小时，一个学期下来就是多少小时啊！"

许刚终于无可奈何了,泪水充满了眼眶,委屈地说:"唉,爸妈从不理解我。你们恨不得把我看电影、逛过公园、玩耍的时间全部都让我用来学习。就连我唯一的爱好——足球也不让踢了,我的近视就是这么一天一天地学出来的。"看着满桌子的参考书,许刚的泪水再也止不住了,摘下眼镜,狠狠地扔在床上。爸妈这时似乎被他的话打动了,不再说什么。许刚接着说:"就算我将来考上大学,人家也要多方面的人才,谁要我们这些戴着深度近视眼镜、榆木脑袋的'书呆子'呀!再说,也只有加强身体锻炼,才能适应充满竞争的快节奏学习和生活。"爸爸听后,终于开口说:"好吧!以后每星期六可以去踢球,但不能超过三小时。"许刚听到爸爸的话,高兴地跳了起来,他等这一天是多么的不容易啊!

孩子的发展应当是全面的。父母培养孩子首先要发现孩子的特长与爱好,要像根雕家一样,发现、尊重根形的特点,然后经过艺术加工,使其特点更为突出,更为生动,最后成为精品。培养孩子也一样,不能使每一个孩子都变成一个学习的机器,而应当使他得到全面的发展。

老师谈启发

身为父母,千万不能太看重孩子的考试分数,而应该注重孩子思维能力、学习方法的培养,尽量留住孩子最宝贵的兴趣与好奇心。绝对不能用考试分数去判断一个孩子的优劣,更不能让孩子有以此为荣辱的意识。著名的心理学家皮亚杰曾经说过:"强迫你工作是违反心理学原则的,而且一切有成效的活动,都必须以某种兴趣为先决条件。"

很多父母总是对自己孩子的兴趣爱好视而不见,像上面的例子,许刚明明喜欢足球,但父母却想让孩子放弃自己的爱好,把所有的精力都用来学习。也有些父母会强迫孩子去做孩子不喜欢的事情,比如逼着孩子学习钢琴,学习书法或者画画。我国童话大王郑渊洁说："不要在孩子不感兴趣，还没有能力理解的时候，让他做任何不感兴趣的事情。"当孩子做自己感兴趣的事情时，他往往能够全力以赴；相反，如果父母要求孩子放弃他极感兴趣的事情，不顾孩子的抗议，做一些孩子不喜欢做的事情，孩子必然会与父母发生冲突。

在生活中，每个人的兴趣爱好也是不尽相同的。闲暇中，有的人喜欢哼几句戏曲和小调；有的喜欢下棋或玩牌；等等。我们好像更容易接受这些客观上与父母给孩子将来设定目标没有关系的情况。但是在对待子女真正学习和生活上的兴趣，他们却常常不能接受。这只是父母的事情，小孩子不能有或不应有。人们对有兴趣的事情往往容易全身心投入，最易见成绩；反之，则难得成就。人最可悲的是一生对什么都没有特殊兴趣和爱好，孩子最不幸的是父母凭主观意志扼杀其兴趣和爱好。

家长谈心得

有的父母也想尊重孩子的个人兴趣，但往往不知道该如何做才能尊重孩子的兴趣。那么，你不妨按照下面的方法来做做看，你一定会发现：其实尊重孩子的兴趣并不难。

✪ 孩子有选择自我爱好的权利

在承认孩子是独立的个体，并对其始终保持尊重的基础上，父母就很容易理解孩子也可以有选择个人的喜爱和兴趣的权利。作为父母，只要这些爱好是健康的、积极的，就应该对其报以支持的态度，并协助孩子更好地发展这些兴趣爱好。

✪ 尊重孩子的喜爱和兴趣

在今天多彩多姿的生活里，人的个性和兴趣得到较充分的发展，有了较大的自由。父母应该允许孩子自己选择，在承认与尊重的前提下，父母还是可以进行适当的引导，培养孩子高尚的趣味和情操。

✪ 不要随便干涉孩子的爱好

父母在准备干涉孩子的兴趣爱好之前,不妨先听听孩子的意见,尊重他的选择。大多数父母们都希望自己的孩子多才多艺,成为一个优秀的孩子。那么,如果让孩子从无到有地培养一种兴趣,那就要求我们父母,要仔细观察这项活动是否适合自己孩子的性情及兴趣。千万不要让他一下子接触太多项目,或强迫他学习没有兴趣的东西,这样做反而破坏了孩子以后学习的信心和欲望。

孩子有选择自己兴趣爱好的权利,父母应该尊重孩子的个人兴趣。当父母发现孩子的兴趣之苗破土而出时,就请精心呵护孩子的兴趣爱好,不要因为家长的怠慢而让兴趣之苗枯萎,更不要随意破坏它。因为"兴趣是最好的老师",在兴趣的指引下,孩子的智力、能力都能够得到最大限度、最持久的发挥。

让孩子自己规划理想和追求

如果一个人不能宣告自己的存在，不能在人类心灵的每一个领域里成为主宰者，不能在活动和成就中确立自己的地位；如果他没有感到自己作为一个创造者的自尊感；如果他不能自豪地抬起头来走路，那么个性就是不可思议的。

——苏霍姆林斯基（前苏联教育家）

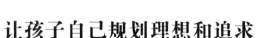

祖冲之的父亲祖朔之是一位小官员，他总希望祖冲之长大之后也能向自己一样走向仕途，并且能超过自己的成就。望子成龙心切的他让还不到 9 岁的祖冲之去背诵《论语》。对于祖冲之来说，《论语》晦涩难懂，他用了两个月的时间也才能仅仅背诵十几行。

一天，父亲来到祖冲之的书房，询问孩子背诵的情况，当听到祖冲之仅仅能背出十几句时，父亲怒气冲冲地祖冲之说："你真是太笨了！"他平静了一下情绪接着说："想将来能做官，就得从现在开始用心读经书；从现在起，我每天都来教你，倘若你还不能背诵，我绝饶不了你。"但是，祖冲之听了父亲的话却委屈地说：

"这经书我就是不喜欢读,说什么我也读不下去了。"父亲听了祖冲之的话,气得打了他两巴掌。祖冲之就大哭起来。

祖冲之的祖父得知事情的真相后,对祖冲之的父亲说:"如果他真的是个笨蛋,你狠狠打他一顿,就会变聪明吗?孩子是打不聪明的,只会越打越笨。经常打孩子,不仅不能起到任何好的作用,而且还会使孩子变得粗野无礼。"

祖朔之无奈地说:"我这也是为他好,不读经书将来怎么会有出息?""有没有出息跟读经书有什么关系呢?有的人满肚子四书五经却也什么事也不会做!"祖父批评父亲说道。父亲沮丧地说:"那他不读经书将来做什么呢?"祖父看了看还在哭的祖冲之说:"做父母的,首先要明白孩子的理想和追求,不能硬赶鸭子上架,根据孩子的喜好因材施教,加以引导,孩子才可能成才。"

听了祖冲之祖父的话,祖朔之同意不再把祖冲之关在书房里念书,还让祖冲之跟着祖父到建筑工地上去开开眼界,长长见识。

祖冲之不用再读经书了,他感到非常高兴。有一次,祖冲之对祖父说,他对天文感兴趣,将来想做个天文学家,祖父对祖冲之说:"孩子,我支持你。咱们家里的天文历法书多得很,我找几本你先看一看,不懂的地方就问我。"就这样,祖冲之得到了祖父的支持,父亲祖朔之也改变了对儿子的看法。从此,父亲不教祖冲之学习经书,祖冲之对天文历法越来越有兴趣。后来,祖冲之成为一名科学家。

每一个人都有自己的理想和追求,也都渴望得到别人对自己理想的尊重,孩子也是如此。

老师谈启发

很多父母从孩子小学开始就给孩子做好了每一步的规划,孩子学什么兴趣班,上什么辅导课,将来上哪所大学,要学什么专业。父母不顾孩子的爱好和理想,强迫孩子按自己设计的轨道发展,孩子的每一步都要按照父母的意愿来,如果孩子没有按照自己的计划,父母就要对孩子责备,给孩子施加压力让他们回归到自己的计划中。

孩子能够理解父母望子成龙、望女成凤的心理,但是让孩子背负过大的压力去实现父母规划的理想和目标,结果会让孩子不堪重负而走向极端,这就太让人遗憾了。捷克教育家夸美纽斯指出:"应当像尊敬上帝一样地尊敬孩子。"尊重孩子,按照《孩子权利公约》所说,就是要尊重孩子的生存权、发展权、受保护权以及参与家庭、文化和社会生活的权利。一个孩子应该得到父母的尊重,尤其是孩子的理想和追求。在尊重孩子的理想和追求的基础上进而理解孩子的理想,探求孩子真正的人生追求。当孩子的理想与父母的设想发生偏差的时候,父母也要尽可能保持平和的心态跟孩子交流,让孩子理解父母的想法,通过商量讨论之后把最终的选择权交给孩子。

当孩子决定自己的理想时,父母太多的压力和警示会打击孩子的积极性,让孩子失去信心并放弃自己的理想。这时候父母应当做的是多给孩子些鼓励,帮孩子树立实现理想的信心并为自己的理想而努力。

家长谈心得

很多父母也想尊重孩子的理想和追求,但就是不知道该怎么办?那么,你不妨按照下面的方法来做做看。

✪ 真诚地支持孩子的理想

对于孩子提出的相对自身合理的理想,父母应该给予真诚的支持,而不只是简单地说句好。充分考虑孩子的心理准备和接受能力,帮助孩子找到实现理想的方法,并鼓励孩子勇敢地为自己的理想作出尝试。

✪ 用心呵护孩子的理想

每个孩子都会有各自的理想,而每个理想从萌发到实现是一个渐进的过程。在这个过程中需要父母的点拨和引导、呵护和照料。对孩子的理想不理不睬或拔苗助长都是错误的。只有用心去关注孩子的真实想法,并且在孩子需要的时候给予关怀和支持才能让孩子理想的种子生根发芽。

✪ 提醒孩子建立理想要根据自身的情况

孩子的心智还处在成长发育阶段,对于自己理想的设定并不能像大人那样统观大局、周到细致地看到理想与自身情况的差距。这时候父母就可以根据孩子的自身情况进行适当的启发和诱导,不是说教,不是命令。比如,当孩子提出以后想当律师时,你不妨这样说:"看来,当律师倒是很不错的。那你说说看,律师为什么会让你感觉那么好,让那么多人都敬叹不已?不知道他小时候读书怎样?"让孩子自己去思索;或者也可以这样说:"想不到你想当律师,这个理想好!我支持。孩子,你想想,当律师需要什么才能?"这样的提问会让孩子自己去思索理想的设定是否切合自身情况,假如孩子发现了理想和自身的差距,他们会为自己的理想而更加努力。

孩子的意愿和想法需要赏识

孩子懂事以后，便开始思考这个世界，思考他所遇到的每一件事，并逐渐产生自己的想法和观点。父母和孩子的世界确实不同，但在孩子成长的过程中，却一直在向父母靠近。他们对父母世界的事情发表意见和想法，说明他们有了独立的思考意识，这是非常可贵的。

故事分享

美国总统富兰克林出生在一个民主的家庭中，他们住在纽约美丽的哈德逊河谷的海德庄园里。小时候的富兰克林与外界没什么接触，但是，他却在庄园里玩得很开心。幼年的富兰克林非常幸运，妈妈萨拉总是非常尊重他的意愿和想法。在一些非原则性的问题上，妈妈只是给富兰克林提些建议，她完全尊重富兰克林自己的意愿和想法。这不仅促进了富兰克林与妈妈之间的关系，而且使富兰克林从小就非常有主见。

妈妈在富兰克林出世后不久就开始记日志，20年来从未停止。在日志上，妈妈记录了富兰克林2岁半时的一件事情："有一天，一家人围在餐桌边吃饭。调皮的富兰克林把盛牛奶的玻璃杯边沿咬掉了一大块，我立即将他推出餐厅，从他嘴里掏出碎玻璃片，并严厉地教训了他一通。当我觉得他已经认错了才让他回到餐桌上来。可是一会儿，他又拿起刚换上来的高脚玻璃杯，带着调皮的神情假装再去咬它。'富兰克林！你的顺从哪里去了？'富兰克林庄严地答道：'我的顺从已经上楼去了。'"

少年的富兰克林长着碧蓝的大眼睛，鼻梁挺拔端正，一头金色的卷发，显得英俊、神气，很招人喜爱。妈妈很喜欢富兰克林这头漂亮的卷发，并喜欢用各种服装来打扮年幼的富兰克林。但是，妈妈为他选择的衣服，富兰克林却并不喜欢。

有一次，妈妈想给富兰克林穿绉边的套装，富兰克林大胆地说出了自己的不满。还有一次，妈妈想说服富兰克林穿苏格兰短裙，富兰克林又拒绝了妈妈的好意。最后，富兰克林和妈妈达成一致意见——穿水手服。

关于这段故事，萨拉在她的《我的儿子富兰克林》一书中这样写道："无论父母中的任何一位对于衣饰的品位高雅，可是父母们执拗的儿女却并不喜爱。"可敬的是，富兰克林的妈妈并没有强迫孩子听从自己的意愿和想法，而是非常尊重孩子的意愿和想法。

萨拉是这样解释的："父母们从来不曾试图对他施加影响，来反对他的喜好，或者按父母们的模式规定他的人生道路。"事实上，富兰克林在这方面确实有很大的自主权。在 5 岁的时候，富兰克林忧郁地对妈妈说："妈妈，我不快乐，因为我并不自由。"萨拉想是不是对孩子太严格了，导致孩子反抗妈妈对他的管制。于是，萨拉决定多给孩子一些自由。

第二天，萨拉就开始这样做了，她对儿子的日常生活不作规定，让富兰克林自由地做他喜欢做的事情。富兰克林似乎很高兴，并开始了他的自由生活。结果，富兰克林发现，受人忽视的自由其实一点都不好玩，后来，他又开始了让妈妈安排日常的生活。

事后，萨拉是这样描述当时的情况的："他对我们置之不理，以此证明他对自由的渴望。那天晚上，他成了一个疲惫不堪的脏小孩，累得拖着脚回了家。我们也不问他去了哪里或是干了什么。第二天，他自愿地按平时的日程作息，并且觉得心满意足。"萨拉尊重富兰克林的意愿和想法，这正是她教育的成功之处。

后来，渐渐长大的富兰克林想把自己的卷发剪掉，尽管萨拉非常喜欢儿子的卷发，但是她还是同意了富兰克林的请求，把他的卷发剪掉了。萨拉说："父母们想培养他具有独立精神与责任感，而波浪似的卷发确实与这些品质不符。"萨拉非常理解儿子的心情，帮助儿子实现了走向成熟的一步。但是，萨拉保留了儿子的几缕卷发，并把它们与富兰克林幼年时期的其他纪念品放在一起珍藏着。

富兰克林的母亲知道怎样尊重孩子意愿和想法，满足孩子的合理要求，给孩子自由活动的时间，使孩子在无拘无束中松弛一下，尽情地享受童年的欢乐，这对富兰克林个性的发展和良好品格的形成是有好处的。

老师谈启发

作为平等的个体，每个人的意愿和想法首先都是应该得到尊重的。如果这些意愿和想法是有利于个体或者团队发展的，还应该得到赏识。所以，首先要给孩子表达自己意愿和想法的机会，在孩子表达的同时给予积极的赏识。赏识孩子的想法不仅可以进一步锻炼孩子的思考意识和表达能力，而且可以通过倾听孩子的观点，发现和了解孩子的真实想法，从而纠正孩子成长过程中的一些错误思想。

孩子的观点往往是不成熟、不全面的，即使听到孩子幼稚可笑的观点也不要嘲笑和打断他们的表达，鼓励他们把自己的想法全部讲出来。不去压制、忽略孩子的想法，不以成年人的思维要求孩子,这样才能更好地促进孩子自我独立意识的发展。

家长谈心得

许多父母也想尊重和赏识孩子的意愿和想法,但往往不知道从哪些方面入手。那么,家长朋友们不妨按照下面的方法来做做看。

首先,尊重孩子的意愿和想法,给孩子自主决定的机会。父母对于孩子的任何想法,应先询问孩子的想法并征得孩子的同意,让孩子有选择的余地;然后在尊重孩子的基础上,对孩子的意愿和想法给予引导。

其次,有关孩子的所有事情在做决定之前,不妨先听听孩子的意愿和想法,并尽可能地尊重他的选择。父母都希望自己的孩子出人头地,成为出类拔萃的人才。父母要根据孩子的性格特点、兴趣爱好,培养孩子的兴趣爱好使孩子得到全面的发展,切不可强迫他学习没有兴趣的东西,这样既破坏了他的学习兴趣,也影响他以后学习的信心和欲望。

孩子的意愿和想法是需要父母的赏识的。请尊重他们的想法和观点,给他们足够的时间和空间,耐心倾听孩子的讲话,把更多的选择权留给孩子吧。

尊重并鼓励孩子行使其各种权利

当父母尊重孩子的权利,并引导孩子珍惜自己的权利时,真正有益的家庭教育才能开始。只有被人尊重,孩子才可能获得自尊,并可能学会尊重别人,而自尊和尊重他人是形成健康人格的首要条件。

故事分享

某个夏天,女儿姗姗学校的校长对刘丽说,这个暑假学校将织一个国际海洋夏令营,想给姗姗一次参与的机会。校长突如其来的"关照"让刘丽有点不知所措,当即在电话里答应校长一定参加并向校长表示感谢。不久,学校开始张罗办理夏令营,并收取夏令营手续费。刘丽一问情况才知道参加夏令营的价格简直高得离谱,6天交 2 000 元! 刘丽明明觉得价格太高,想起校长的电话就咬牙把钱交了。

可是回到家,姗姗一听妈妈讲这件事情,立马不高兴了,说"这个夏令营是骗人的! 6天改5天,又没有多少海洋活动,我才不要去呢!""钱都交了,怎么能不去呢?"刘丽着急地说。"退钱呗,有什么了不起的!"女儿态度很坚决。刘丽心想:"校长亲自打来的电话,怎么好意思说退?再说,这一次是区、校两级参与,已经到了出发前的培训阶段。即便真的去退,也不见得能退的了。但是,姗姗对这次活动的抵制是也有道理的,不应该让孩子形成凡事逆来顺受的心态,何不借此机会让孩子学着行使自己的权利呢?"于是,刘丽对姗姗说:"去不去参加夏令营是你的权利。如果决定不去,你要负责向有关老师解释清楚,并办好退营的手续,行吗?"不出所料,姗姗毫不犹豫,一口答应下来。

第二天,女儿办妥了全部退营手续,2 000元钱如数交到刘丽的手里。

孩子对自己的权利的意识在幼年时期处于萌芽状态,父母肩负着唤醒孩子权利意识的任务,一定要尊重孩子的权利,并且告诉孩子"这是你的权利","你可以决定这件事情"。久而久之,孩子的权利意识就会从无到有,从弱到强,才会知道捍卫自己的权利。

老师谈启发

孩子的生存权、受保护的权利,父母们还比较容易接受和认可的,但当和父母谈孩子的发展权、参与权的时候,很多父母几乎不能理解孩子为什么要有隐私权、参与社会事务的权利、行使民主生活的权利等。因为在这些父母眼里,孩子就是父母们的附属物,你给他什么就是什么,孩子本身并不存在索取的理由。事实上并不是这样,孩子有他应得的东西,比如,受教育的权利、被尊重的权利。

孩子从出生的那一刻开始,他就是一个独立的个体,他们不是父母的附属物,他们的人格、尊严受到国际、国家和地方各种法律法规的保护。孩子的隐私权、行使民主生活的权利等,都属于应受到保护的孩子的权利范围。孩子的权利范围是很广泛的,其中生存权、发展权、受保护权、参与权是孩子的基本权利。所以说孩子不仅是一个独立的个体,而且是一个权利的主体,父母们应当保护孩子们的权利意识,给孩子足够的尊重。可以说,是否尊重孩子,将对孩子一生的发展起重要作用,值得父母们给予特别的关注。

孩子在被责备后,大多不知道如何来捍卫自己的权利,他对父母的决定和误判只能承受,不管你的决定是正确还是错误的。孩子不加辩驳、不会辩驳,往往使我们成人忽视了他们应有的权利。如果,父母们都能以同自己朋友之间那种处理问题的技巧和方法以及宽容的态度与孩子沟通和交流,一定会培养出孩子自我权利的意识。

也许有的父母会认为,给孩子那么多的权利,是否会造成孩子的自我意识太强,从而不好管理孩子呢?其实,这些担心是不必要的。正因为孩子有了自我独立人格的意识,才会更加懂得尊重的重要性,也更容易站在一个独立个体的角度理解和思考问题。一个懂得珍惜自己权利的人,比一个不珍惜自己权利的人更容易教育。

家长谈心得

要如何做才能给孩子足够的尊重,并鼓励孩子有意识地以独立的个体去行使自己的权利?父母们不妨按照下面的方法来做做看,你会发现,其实也没有想象中的那么难。

❂ 给孩子自主的机会

在面对选择的时候,留给孩子自主选择的机会,并且尊重孩子的选择。跟孩子相关的事情一定要征得孩子的同意,尊重孩子自己的选择,从父母的角度给予孩子相应的建议和指导。

❂ 平等地对待孩子

站在平等的角度来对待与孩子的相处,宽容地接纳孩子,让孩子尽早形成独立的个体意识。积极地对待孩子与父母的辩驳，平等地与孩子探讨事情的选择。鼓励孩子学会行使自己的权利。

✪ 唤醒孩子的权利意识

孩子对自我权利的意识还处在萌芽的状态，他们会似懂非懂地对某些事情提出自己的看法，他们还不足以意识到在某些事情上他们是享有决定的权利的。父母有义务去唤醒孩子自我权利的意识，并让他们懂得如何捍卫自己的权益。

珍视孩子的朋友

作为成年人,父母们大多会有这样的体会:回忆起童年生活时总感觉非常兴奋,对儿时的朋友更是感到特别亲密,说起与童年朋友一起做的各种趣事,兴奋不已。父母们的经历说明:孩子需要朋友,孩童时代的友谊是非常珍贵的。朋友的缺失不仅使孩子的童年极为孤独,而且对孩子的身心健康极为不利。父母应该珍视孩子的朋友,通过赏识和尊重孩子的朋友,培养孩子团结友爱、协作互助的良好习惯和健康的心灵。

故事分享

高旗带着7岁的儿子去上游泳课,儿子认识了一个叫晨晨的小姑娘,他们玩得很高兴。游泳课结束后,晨晨的妈妈邀请高旗和儿子去他们家做客。高旗见孩子们玩得起劲就带着儿子一起去了晨晨家。

下午阳光明媚,晨晨和儿子在家里玩了一会之后,决定去家门口的院子里玩,孩子们玩得很尽兴。一直到午饭时间,儿子还不愿意离开。高旗告诉孩子,今天时间太长了,必须要回家了;并且答应儿子如果想来玩,可以另找时间再来玩。

儿子依依不舍地跟晨晨道了别,回家的路上,儿子对高旗说:"爸爸,我觉得晨晨懂得特别多,虽然我们都是同一年级,但是她总能说出一些我不知道的事情。真想知道,她都是从哪学来的本领,比课本上的有趣多了。真想跟她再多玩一会。爸爸我们什么时候再来啊……"

高旗听了儿子的话,暗自高兴。孩子意外地交到能够相互交流并能从中得到提高的好朋友。高旗爽快地答应孩子,如果想找晨晨来玩的时候告诉爸爸,爸爸就带他找他的新伙伴来玩。

老师谈启发

古人云:"人生得一二知己,足矣。"可见,朋友是人类不能缺少的心灵伴侣。如果能在茫茫人海中结识与自己秉性相似的朋友是非常幸运的事情。因此,如果孩子能在童年时代就遇见兴趣相同的朋友,作为父母也要对孩子的朋友加以重视。孩子能交到朋友,不仅是孩子童年时代美好记忆的见证;同时也是孩子更好地融入社会、提高自我的机会。

首先,可以通过赏识孩子朋友的优点,让孩子在与朋友的交往中主动学习,克服自己的缺点。其次,尊重孩子的朋友,鼓励孩子与朋友们交往,可以培养他们的社会适应和交际能力。最后,鼓励孩子在与朋友的交往中培养群体意识,可以克服孩子过强的个体意识。朋友之间的群体生活可以帮助孩子克服以自我为中心的毛病,让他们遵从群体活动规则,认识到每个人的权利和义务。如果只顾自己,就会受到朋友们的排斥,孩子会看不起他,不跟他玩儿,将会促使孩子最终向群体规范"投降"。

当孩子所交的朋友自己存在一些不良行为时,父母也可以当着孩子的面严肃地说出来。父母不必大喊大叫,而应坚持以清晰、严肃的态度告诉他,哪些行为是不被你所赞成的。

家长谈心得

朋友是人生的一笔财富,要鼓励孩子去交朋友;当孩子有了朋友之后,父母要及时给予肯定;如果孩子还没有朋友,就努力创造机会,积极帮孩子寻找可能成为的朋友。对于孩子和朋友的交往,父母也不能听之任之,使孩子陷入不当的交际圈,要正确地引导和帮助他们建立纯真的友谊。

怎样才能做好引导孩子交到好朋友,并且尊重孩子的朋友呢? 家长们不妨按照下面的方法来做做看。

✪ 让孩子学会选择朋友

孩子的世界观、人生观、价值观还没有完全建立起来,对于是非曲直的辨别能力还不够,父母要有意识地帮助孩子进行择友引导、这样孩子在交友之时,有了一个大的原则和方向,从而避免陷入交往误区。

✪ 创造孩子交朋友的机会、条件

托马斯·伯恩特说:"友谊建立在共同兴趣的基础上。如果你的孩子朋友不多,那么就努力培养他的多种兴趣。这样,在参加共同活动中,可以逐步建立朋友之间的友谊。"如果我们能给孩子提供一些培养兴趣爱好的机会,当孩子在某些方面有了特长,就会为他结识新朋友创造了一定的条件,在交往中增强自信心。

✪ 指导孩子与朋友的相处之道

朋友之间的友情也是需要经营的。在孩子交朋友的过程中,父母可以成为孩子的导师,指导孩子如何经营与朋友之间的友情。真诚坦率,以诚相待,严以律己,宽以待人,这是朋友之间相处的基本法则。每个人的性格、情趣各有不同,交往中就要尽量尊重朋友的意愿。另外,由于每个朋友还都有心理敏感区,要在平时说话时,尽量避免刺激朋友心理敏感点,不要触他们心灵的"伤疤"。

✪ 尊重孩子择友的意愿

在孩子交往过程中,尽管在必要的时候,父母需要给孩子一些指导,但父母也要尊重孩子交友的意愿,让他们有一定的自主权。在选择朋友方面,父母和孩子的意见如果出现不一致的情况,只要对方不是品行太差,还是尽量以尊重孩子的意见为主,然后在他们交往的过程中,进行积极的引导和帮助。

赏识和尊重孩子,也要尊重孩子的朋友,鼓励孩子进行社会交往,并同样珍视孩子的朋友,这样不仅可以让孩子感觉到父母对他的尊重而更加信赖父母,而且还可以促进孩子之间的友谊和交往,促使他们互相帮助、互相学习。

善于发现孩子的优点

　　成功父母与失败父母的区别是，前者将孩子对的东西挑出来，把他的优点挑出来，而不明智的父母，一眼就看到孩子的缺点。人有八种智能，而学习好的人，只是语言智能和数学智能较好，而不同人的优势是不一样的。只要父母用心观察，就一定能够发现孩子的优点。

　　　　　　　　——孙云晓（中国青少年研究中心副主任、研究员）

故事分享

　　小健是个聪明且调皮的男孩，经常出现许多"小问题"，制造一些"麻烦"。

　　这一天，妈妈刚刚回家，听到爸爸正在生气地指责小健："没收拾好自己的物品，就跑出去玩！说你多少次了，你怎么老是爱摆个烂摊子啊？"说到气头上，爸爸又开始批评小健的其他诸多错误，如脾气不好、贪吃等。

　　妈妈瞧瞧小健，正满不在乎地嘟着嘴，满脸的不服气和不情愿。为了缓和僵局，妈妈若有所思地说道："小健身上是存在缺点，我想他自己知道那样做不对。每个人都有缺点的，可每个人身上也是有优点的啊！"

爸爸领会了妈妈的意思，定神后说："是啊，有缺点不要紧只要改正。其实小健身上有许多优点，比如很爱劳动、喜欢主动帮助其他小朋友。"妈妈接着说："还有呢，做事情很认真，学习新本领很有灵气呢。"小健本来以为妈妈也会批评自己，谁知竟然夸奖自己。他被爸爸妈妈夸得都有些不好意思了。

最后妈妈说："小健有这么多优点我们也很为你骄傲，如果能将自己的缺点改掉变成优点，那么小健会是个了不起的人，大家会对你另眼相看的。"听了妈妈的一席话，小健点点头，若有所思。从此之后，小健的很多"毛病"果然都改掉了。

孩子渴望赏识就像人需要阳光和氧气一样强烈。小孩子需要在成年人的表扬声中不断认识自我、增强自信。

老师谈启发

在浙江举行的"'忠告天下父母'孙云晓教授家庭教育报告会"上孙教授为现场的父母们布置了这样一道特殊"家庭作业"："你今天回家去发现孩子的优点，能够发现十个的，是优秀的父母，能够发现五个的，是合格的父母，不能发现的，是不合格的父母。"

生活中，父母总是习惯于寻找、放大孩子的缺点，习惯于拿孩子的缺点同其他孩子的优点相比较，常常说别人的孩子这样好、那样好，而自己的孩子，总是一无是处。他们要求自己的孩子什么都好，什么都比别人的孩子强，对孩子表现出来的一些优点熟视无睹，对孩子的缺点却是不依不饶。

美国成功教育学家拿破仑·希尔曾经说过："每个孩子都有许多优点，而父母恰恰相反，他们总是盯着孩子的缺点，认为管好孩子的缺点，才能让孩子更好地成长。其实，这样做就像蹩脚的工匠，是不可能造出完美瓷器的。"其实，每个父母都应善于发现孩子的优点,让孩子在自信中成长。面对"坏"孩子,更需要竭力去找他们的闪光点,哪怕是沙里淘金,哪怕是微不足道,都需要出自真心地去赞扬、鼓励和引导。

所以,父母应该学会赏识和赞扬孩子,尽力发现和放大孩子的优点、闪光点,真心地赞扬孩子,引导孩子建立自信,迈向成功。

家长谈心得

很多父母想表扬孩子,但往往觉得找不到值得表扬的优点,这该怎么办?家长们不妨按照下面的方法做做看,你会发现:其实找到自己孩子的优点也不难。

✪ 用全面的眼光看待孩子

不要只盯着孩子的学习成绩。孩子的性格,孩子的素养,孩子的劳动表现,孩子的交往情况,孩子的文体才能,孩子的兴趣爱好,孩子的动手能力,孩子的卫生习惯,等等,除了学习成绩之外,还有很多评价孩子的因素。父母要学会多维度地观察、发现孩子的优点。考虑的范围宽了,就不难找到值得有表扬的内容。

即使对学习本身也应全面地去分析,不能只看分数。学习认真程度,预习复习情况,各门功课情况,写字是否工整,卷面是否干净,会不会使用工具书,愿不愿向老师请教,有没有自己检查作业的习惯,等等,都是值得父母思考的观察点。

✪ 用发展的眼光看待孩子

不要把孩子看"死"了。只要细心观察孩子,就会发现孩子有进步的地方:可能对问题的认识提高,分析问题能力增强,可能某方面科学文化知识增加,可能一次作业进步或者一次考试进步,可能在劳动或公益活动方面表现较好,可能文艺、体育方面取得好成绩,可能有什么小发明、小制作,等等。

要拿孩子的今天比昨天，比前天，而不是跟别的孩子比，哪怕发现一点微小的进步，也应及时肯定。哪怕是孩子的点滴进步，父母也不要漠视、忽略。应该想到"星星之火，可以燎原"，优点是一步步发展的。

✿ 对孩子要具体事情具体分析

事物都是多因素的，看孩子的任何问题都应从尽可能多的角度去了解分析，避免以偏概全，笼统否定。

比如孩子某次作业没做好，错误较多，应该看看哪些题错了，错误的原因是因为马虎不认真，还是根本不懂。如果不懂，是老师讲解时没听清楚，还是理解的过程中有难点，还是孩子抄错了题，抄错了答案。这样从不同角度、不同因素分析，就会找到问题的原因，也就有了解决的办法。在分析过程中，肯定正确的，否定错误的。

✿ 夸孩子优点要讲究科学方法

关于表扬，父母应该注意要中肯、适度，要有分析地表扬，让孩子清楚表扬的是哪一点，为什么表扬。要注意时间、场合，根据孩子个性特点和年龄特点，还要注意表扬的方式，是选择当面表扬，还是暗示，是否有必要向老师回报；是采用口头表扬，庆贺式表扬，物质鼓励，外出游玩等等，这就需要根据孩子的特点和该表扬内容而定。针对孩子不同的自信度，决定表扬的频率。对有骄傲情绪的孩子应适当减少表扬的频度，提高要求；对缺乏自信、有自卑感的孩子要通过肯定点滴进步培养孩子的自信。

总之，父母需要学会用放大镜去观察孩子，你总会发现孩子身上的可爱之处，或许，孩子的一个小动作，或许一个微笑，都可能打动你的心。

父母们请相信，赞美是父母送给孩子的最好礼物。父母越是能够发现和放大孩子的优点，孩子就会具有更多的优点，就会变得更加优秀。

避免对孩子的"言语伤害"

也许你从来没想到过，自己随便说出来的一句话，会对孩子的心灵产生多么重大的影响。你所使用的语句可能让孩子更加乐于合作，更加自信，但也可能令他们感到挫败和失去信心。

故事分享

一天，法国儿童精神心理专家玛丽丝·瓦扬带着女儿和外孙到西班牙度假。在一家商店里，外孙看到一个非常漂亮的滑板，于是便吵着外婆和妈妈一定要把这个滑板买回家。妈妈看了看滑板对孩子说，"杰瑞，你已经有两个摆在家里了，这个不能再买了。"谁知道杰瑞听了妈妈的话，顿时躺在地上尖叫起来："我就要，现在就要！"

玛丽丝看到此时的场景，心里想："作为一个孩子精神心理专家，我的外孙怎么可以做出这样的行为？实在太让人感到羞愧了。"于是，玛丽丝走出商店大门。她在外面站了一会儿，听见外孙仍然在店里不依不饶地非要妈妈买滑板，玛丽丝觉得自己应该做些什么，就回到店里，对外孙说："我知道你很伤心，很生气，有的时候生活就是这么让人沮丧。不过我有个好主意，你愿意试试吗?"

　　杰瑞听了外婆的话,心想也许外婆理解他,想要帮助他得到滑板,就停止了尖叫,看着外婆的眼睛。玛丽丝说:"你想要滑板,可我和你妈妈都不愿意给你买。那我们可以到别的商店看看,有没有商店愿意把它作为礼物送给你。"听了外婆的话,杰瑞高高兴兴拉着外婆的手来到另一家商店,外婆把她们的想法告诉了售货员,问是否能满足孩子。售货员说:"不,我们不可能白送给你滑板。"

　　两人走了四家商店都碰了钉子,到了第五家,小男孩说:"我不买滑板了,我还是玩家里的那个吧。"玛丽丝看着杰瑞,点了点头,拉着杰瑞走了。

　　通常在这种情况下,父母应该怎样去做呢?大多数父母们的反应都是勒令孩子停止哭闹,并对孩子说"你不应该尖叫""不许哭"。但是作为一个心智还未成熟的孩子,出现这些情绪是正常的。父母们应该尊重孩子的情感,允许他们表达。如果父母们用强制的方式让孩子屈从于父母的命令,不允许孩子这样表达情感,那么,孩子会有两种表现:迫于父母的责难,孩子停止哭闹,在心里自责自己的行为;或者在孩子心中会觉得父母对自己的爱不像自己期待的那么多。慢慢地,他们就会习惯把情感藏起来。不会在父母面前毫无保留地表达自己的心理感受和想法。

老师谈启发

　　对孩子的伤害,我们时常提到的有抢劫、勒索、欺负、性侵害以及被父母或教师体罚等这些伤害,而对孩子言语上的隐形伤害却往往容易被我们忽视。但是对孩子语言上的伤害比表相伤害给孩子带来的负面影响更大。"中国少年孩子平安行动"组委会曾公布了一项内容为"你认为最急迫需要解决的校园伤害"的专项调查,结果显示:81.45%的被访小学生认为校园"语言伤害"

是最急需解决的问题。

孩子如果经常遭受"语言伤害",会使孩子的心灵变得扭曲,等孩子成年之后会出现较多的行为障碍和个性弱点,这些孩子往往表现得难以适应社会。所以,为了孩子能够健康成长,父母们要高度关注不良的言语对孩子教育产生严重后果。时刻注意自己对孩子说的一字一言,特别注意不要在生气的时候图一时痛快对孩子口不择言地说出伤害或者刺激的话。不要已经伤害孩子了,自己却浑然不知。父母是孩子未成年阶段最亲近的人,也是孩子的"第一任老师"和"最亲近的朋友",父母伤害孩子的话语要比老师批评孩子的话更让孩子的心理承受负担和压力。这种心灵的伤害甚至比肉体的伤害给孩子带来的伤害更严重。这样的伤害会让孩子渐渐地疏远、躲避父母,不再对父母信任、敞开心扉,甚至影响正常的亲子沟通。同时,也会让孩子的性格变得孤僻、不自信,也不能学会融洽地与他人相处。

家长谈心得

很多时候,孩子的行为确实是不妥当的且需要父母帮忙纠正的。即便是需要纠正的,父母在跟孩子沟通的过程中也要时刻注意对孩子的"语言伤害"。怎样才能避免对孩子造成情感伤害呢?父母们不妨对照下面的建议作为衡量自己是否对孩子有言语伤害的参考。

首先,时刻提醒自己"言语伤害"对孩子成长产生成负面影响的重要性,在思想上高度重视。

其次,多鼓励孩子,采用积极的语言教育孩子,即使在孩子确实犯了错误、自己情绪失控的时候,也要保持理智,控制好情绪,不对孩子说伤害他们的话,努力让自己依然能够平静温和、循循善诱地跟孩子交流沟通。

再次,讲究批评的艺术,要以提醒、启发来代替指责、训斥。

如用"我相信你可以做得更好"鼓励孩子并调动孩子的主观能动性，使其更加努力地达成目标。用"没关系，慢慢来，尽力而为"帮助孩子调整焦虑、紧张的情绪，等等。

第四，做好自我心态的调整，以平常心看待自己的孩子，根据孩子的生理、心理特点，因材施教。避免说出诸如："你怎么越大越……""你都这么大的人了，竟然还……""你怎么就不能像人家……那样呢？""我刚才是怎么跟你说的"之类的话。这些话语都会刺伤孩子的自尊和心灵。

"良言一句三冬暖，恶语伤人六月寒"，可见，同样是语言，不同的言辞达到的效果却截然不同。父母们若想更好地教育孩子、关爱孩子，就该多用"良言"，禁用"恶语"，以免对孩子造成"语言伤害"，不要等到给孩子成长造成不良影响的时候再追悔莫及。

停止喋喋不休的说教

很多时候我们喜欢头疼治头，脚疼治脚。孩子学习不好，就拼命地补课。其实，活动往往会使大脑动起来，在丰富多彩的活动中，更容易激发孩子的学习兴趣，找到孩子的兴奋点。

——清澈小舟（高级教师、作家）

故事分享

在胡老师的班里，有四个学习成绩比较差的孩子：国立、袁成、夏洛和东强。为了避免对孩子们陈词滥调的说教，胡老师打算让孩子们一起去溜冰场，想让他们在生活和活动中得到一些启发。

一到溜冰场，孩子们一下就兴奋起来，他们有的开始讲自己溜冰的故事，有的表演自己的溜冰技术，有的练习如何溜冰，场面非常活跃，孩子们开心快乐地滑了一整天。滑冰结束后，在回家的路上，胡老师问孩子们今天玩的开心吗？有没有什么收获？孩子们又活跃了起来，一个接一个地说出自己的收获。

国立说："溜冰是锻炼身体的好办法啊，我滑得满身是汗，但是感觉好开心啊。"

袁立说:"我今天体会到了什么是大将风范,看到你们一个个都不会滑而我却滑得很好的时候,不自觉地感到很自信,也很骄傲。我突然觉得只要我想做好的事情,是一定可以做好的。"

夏洛说:"今天是我第一次学滑冰,我看到大家会滑的样子让我一刻也不敢松懈,全神贯注地不停地练习。我居然就用了今天一天就学会了滑冰,如果我做其他的事情也这样认真,也一样可以学得会。"

东强最后做了总结性发言:"最大的收获是在玩中学,大家快乐地学习滑冰,还领悟到了老师今天带咱们玩的深意。"

"噢,我带你们来有什么深意呢,不就是玩玩吗?"胡老师问道。同学们七嘴八舌地说,老师的意思是让我们通过学习滑冰,知道学习也可以像滑冰一样,跌倒了,爬起来,站直了,不趴下,让我们在学习的过程中,品尝到一点点进步的滋味;让我们学习的时候,也能像学滑冰一样集中精力,全力以赴。

瞧,这就是活动的魅力,在活动中,孩子们自己体会到了该怎么做,一点都不用他人再提醒。正如胡老师所说:"孩子们能体会到我的用意,我真是很欣慰。"

老师谈启发

斯特娜夫人曾经说:"当一个人只有很有限的时间供自己支配时,他自然会花在最需要的地方。不管我怎么忙、怎么累、怎么不舒服,我总要抽出一些时间和我的儿子一块儿玩,一块儿读书。"

如果教育孩子只是一再地对孩子唠唠叨叨,用老生常谈的方法,不仅不能起到教育孩子的作用,还会让孩子心烦意乱,产生对学习的逆反心理。

常有父母抱怨:"我家孩子老是不听人说,真让人操心。同样的事要说几遍才听得进去。"父母一遍遍的说教,对于孩子来说不会放在心上，因为，这些话在每次做同样事情的时候总能听得到，这次做不好，下次做的时候再听父母说一遍就行了。这样，反而不自觉地就使孩子产生了心理依赖。让孩子无法在这件事上学会独立。

还有的父母发牢骚说："那孩子，不管你说多少遍，他根本理都不理，跟没听见似的。"这就是父母说教太多之后，孩子的极端表现，试想如果有人在我们耳边整天唠叨一件事情我们也会厌烦，也会避而远之，孩子也会有同样的感受。

心理学研究证明：老调重弹，反反复复说同样的话，会让人产生一种习惯性的模糊听觉，也就是明明在听，却根本不入心里去。这是长期重复听同样的声音而产生的一种心理上的不在乎。

家长谈心得

如果父母喋喋不休的说教无法起到教育孩子的作用，那么，怎样做才能让孩子对父母打开心扉，并引导孩子更好地完善自己呢？

❂ 和孩子一起参加有意义的活动

与其喋喋不休地向孩子强调一些大道理，不如选择一些有意义的活动让孩子去参加。让孩子通过活动自己发觉学习和生活中的道理，父母可以通过活动寻找与孩子合适的沟通话题，让孩子在不排斥父母的前提下，愿意与父母多做沟通。这样不仅能把父母平时唠叨的言语转变成孩子能接受的语言，也增强了亲子之间的情感交流。

❂ 留给孩子自主完成事情的空间

给孩子自由完成的空间，不给孩子下达硬性指令，不依靠不停的唠叨来督促孩子。例如，想让孩子收拾自己的房间，如果对孩子说："晚饭前必须把你的猪窝收拾干净！"这样的硬性指令，孩子多半是不会配合的,父母在孩子不配合的情况下,不免就会不断地反复催促孩子,结果就可想而知了。但是如果换一种说法——"孩子,如果晚饭前你有空,就把你的房间收拾一下吧。"这样的说法,则能给孩子以喘息的空间,不会让孩子反感,反而会比喋喋不休的说教更能达到预期的效果。给孩子一些喘息的空间、一些选择的权力,孩子的感觉就会好很多。

✪ 对孩子慎用惩罚

很多时候,当父母唠叨的说教没有达到父母期望的效果时,父母会想到用惩罚来督促孩子改正自身的问题。但是,家长可能忽视了一点就是,惩罚的方式会不自觉地让孩子与父母变成了敌对的状态,反而无法达到教育的目的。其实,虽然父母喋喋不休地对孩子说了很多,但是正是因为孩子对父母喋喋不休的厌烦,孩子才对父母唠叨的说教无动于衷。如果父母能够根据孩子的自身情况,改变对孩子的说教方式,例如,对年纪较小的孩子,如果事情过去了很长时间了他却什么都还没做,父母可以平静地说出处罚的方式并且表示出父母对孩子的信任,告诉孩子你相信他一定会在规定的时间内完成要去做的事情。你会发现,对孩子的说教是不需要用到惩罚的。

和孩子站在同一水平线上对话

"教育孩子最重要的，是要把孩子当成与自己人格平等的人，给他们以无限的关爱。"无数事实也表明，父母以居高临下的姿态来关心孩子，反而会使孩子产生逆反心理。只有父母转变姿态，像对待朋友那样去关爱子女，才有可能让孩子感受到平等。

故事分享

紫文今天放学后并没有按时回家，而是陪同学一起去买完东西之后才回家。等紫文回到家，爸爸妈妈都已经吃完晚饭了。紫文一进家门妈妈就走过来帮紫文拿下肩上的书包，然后让紫文洗手之后就坐在紫文身边陪女儿吃饭，告诉紫文她在窗口看了好几次都没看到紫文回来。紫文听后，对妈妈说了放学后的情况并向妈妈道歉。妈妈并没有厉声责怪紫文，而是对紫文说，"孩子，妈妈知道你是一个有责任心的好孩子，相信你不会惹麻烦，但妈妈牵挂你，担心遇到交通方面的问题或别的什么事情。以后，最好先打电话回来说一下，这样妈妈就不会担心了。"紫文听后高兴地亲了一下妈妈："妈妈，你真好！"

孩子本身也是一个独立的个体，有自己的思想，自己的人格和尊严,都希望父母能够给予他尊重和平等。父母只有和子女站在同一水平线上,孩子才有可能感受到平等。平等地和孩子对话,是增强孩子独立意识的有效方式。

老师谈启发

很多父母们习惯了以长辈的姿态教育孩子,对孩子发号施令,把自己的思维和主观愿望强加到孩子身上,而很少考虑到孩子内心的想法。当自己的愿望与孩子的想法产生碰撞的时候,父母们就会强制孩子按自己的意愿行事。

如果父母改变高高在上的态度,试着同孩子站在同一水平线上交流,孩子一定会认真地听你讲话,这一点非常重要。如果你一直以命令的口吻对孩子说话,即使你说得再多,道理再正确,孩子也会对你的话心不在焉,跟孩子的开诚布公的交流又从何谈起?

不再居高临下,与孩子完全处于平等地位时,孩子才会把他的真实想法告诉你。因为不管孩子的想法是对是错、有无道理,你只有在了解了孩子的真实想法之后,才可能有的放矢地教育孩子。

耐心倾听孩子的倾诉,无论孩子的话语多么幼稚,也尽量让孩子把自己的想法讲出来。最好能针对孩子的想法多提出一些问题,努力挖掘孩子的深层心理动态,这时再给出父母的建议,跟孩子一起交流寻找解决问题的办法。如果父母与子女之间自始至终都是这样的亲子沟通,相信亲子关系一定会融洽、和谐,家庭气氛也会更加和睦。

家长谈心得

父母要跟随、顺应时代的变化发展与孩子站在同一水平线上才能成为孩子的知心朋友,才能让孩子对自己敞开心扉,更好地达到沟通和教育的目的。

有没有什么捷径能够使父母更好地做到与孩子站在同一水

平线上,以平等、尊重的态度与孩子进行沟通和交流呢?家长们不妨看一看以下的建议,看看自己是否能从中得到启发。

✪ 不用过激的语言

能够站在跟孩子同一水平线上,就意味着跟孩子的地位是平等的、互相尊重的。那么,父母们在同孩子沟通交流的时候就不能使用过激的语言,越是在生气的时候,越应该注意亲子之间沟通时语言的把握。

✪ 简明扼要地跟孩子沟通

父母跟孩子的沟通就怕变成是对孩子的说教,父母教条似的长篇独白,而孩子往往缄默不语,心不在焉。这种沟通方式的效果可想而知。父母只需要用现实可行的语言告诉孩子们自己的想法和建议以及这些想法的原因就可以了。孩子会根据事情的情况和父母的建议自己做出判断。繁杂冗长的说教,反而会让孩子心生厌恶。

✪ 使用和气、平等的语言

凡是关系融洽的家庭,家人们在交谈时,语言中都充满着爱心和亲情,大家的态度也是和蔼可亲的。使用和气、平等的语言更能让孩子放下心中对长辈地位的顾虑,以面对朋友的心态来与父母沟通。而那种不讲究方式的语言,用意虽好,也不会有好的效果。

✪ 给孩子参与家庭决定的机会

在讨论一般的普通家事时,不妨也让孩子"参政"一下。不管最后是否采纳了他的意见,也让他感受他自己在家庭中的重要性,是家庭一员。如此,也会让他们感受到自己与父母的平等地位,更有利于让孩子跟父母拉近彼此的心。

与孩子站在相同的水平线上跟孩子交流沟通，是增强孩子独立意识的有效方式。这不仅仅是一种行为的表现，还是一种教育观的体现。只有怀着崇高的责任心和热切的期望才能从心里赞同这一观点；只有把孩子看作是平等的个体才能切实地做到和孩子在平等的地位上对话。只有这样，父母才能平视孩子，才能获得和孩子真正交流的机会，才能真正明白孩子心中所想以及他们行为的真正动机。

建立相互信任的亲子关系

父母和孩子之间不是主人与奴隶的关系,而是一种平等、尊重、关心和信任的友谊关系,要尊重与理解孩子,互相爱护、互相了解,这样才能赢得孩子的信任与友谊。

故事分享

麦瑞放学回家后就对妈妈抱怨说今天老师当着全班同学的面对她大声斥责。妈妈听后皱着眉头生气地质问麦瑞:"说说吧,你今天又干了什么坏事了?"麦瑞瞪了妈妈一眼,很生气地说:"我什么也没干!""老师才不会没有原因地批评学生的,肯定是你做了什么让人生气的事情了。"麦瑞一转身回到自己的房间,再也不理妈妈了。

沉默了一会之后,妈妈觉得这样不是办法,于是她想改变一下态度试试看能不能问出老师批评麦瑞的原因。妈妈走进女儿的房间,放低了声音对麦瑞说,"我想当老师斥责你的时候,当时一定让你感觉很尴尬吧。"麦瑞提起头看了一眼妈妈,妈妈接着讲,"我记得我上四年级时,同样的事发生在我身上,其实我只是在算术考试时站起来借了一支铅笔,老师就让我下不了台,我感到十分尴尬,也很气愤。"

麦瑞此刻显得轻松起来,并对妈妈的话产生了兴趣:"真的吗?我也只是在上课时向大卫借了一支铅笔,因为我没有带够铅笔,我真的觉得为这么简单的事,老师没有必要就当着全班同学的面教训我。""是这样啊。但你能不能想个办法,今后可以避免这种尴尬的局面?老师批评你是因为你的行为影响到了其他同学听课。"妈妈对麦瑞说。"我可以多准备几支铅笔,就不会影响其他同学听课,也不会打断老师的讲课了。"麦瑞兴奋地回答。"这个主意不错哦!"妈妈微笑着点头对麦瑞说。

父母与孩子之间的相互信任影响着亲子关系。只有建立起父母与孩子之间的信任才不会在教育的过程中出现抵触的情况,没有抵触的情况才能提高对孩子的教育质量。

老师谈启发

在生活中,光有父母对孩子的尊重是不够的,还要与孩子建立相互的信任,让父母和孩子成为知心的朋友。

信任,可以理解为坚信别人的诚实、正直和可靠。作为父母,首先要对孩子的所说、所做、所为充满信任。要对孩子的德行如同对自己的行为、思想一样充满自信。而父母想要获得孩子的信任,最重要的一点是不要欺骗孩子、不要轻易对孩子许诺。孩子会将父母的许诺当作誓言,假如许下了承诺,而没有去执行,孩子便不会再相信了。因此,你所说的必须是真心真意的,才能取得孩子的信任。当孩子到了可以理解是非的年龄时,就应当尽量相信他们所说的话,以建立相互之间的信任(除非他说的话很不真实)。

当孩子对面临的问题想要表达自己的感受并进行申诉的时候,父母应该等孩子完全表达完自己的想法之后,再根据孩子的表达帮助孩子分析和解决问题。切不可随便根据孩子的某些迹象匆匆下结论，并进行不准确的谴责，这样的做法是会让孩子的感情受到伤害。除非你有足够的证据能证明他犯了错误，你才有指责孩子的前提。

家长谈心得

每一位父母都要相信自己的孩子是正直的，并表示信任孩子的行为与你对他的尊重是一致的。做孩子的知心朋友，要求父母们应该做到以下几点。

✪ 真诚地对待孩子

在与孩子的交往中，我们应该始终保持真诚的态度。真诚地告诉孩子，你对他所面临问题的真实想法、你的思想和感受。父母甚至可以把自己最近的心理、情绪状态告诉孩子，真实且直接的表达往往比隐晦的表达方式对孩子的影响更有效。

✪ 敢于向孩子承认错误

承认错误，包括准确地承认自己的弱点和错误。在教育孩子的过程中，父母难免会出现一些错误。父母应该以榜样的力量，勇敢地承认自己的错误，并与孩子交谈，向孩子道歉。在承认错误之后，再对孩子用疏导讲理、慈爱的态度来解决问题，孩子们就能很轻松地接受问题并心悦诚服地去改正。这样做，表面看起来对于父母来说有些困难，但是做到这一点后你会惊奇地发现，因为自己的坦诚，无形中增加了孩子的信任，并激发了他们自己寻求答案的愿望。

✪ 树立榜样，坚守原则

在孩子的成长过程中，难免会遇到孩子反复出现同样错误的情况。每当某事或某种情况重复发生时，父母始终都用同一种方式处理。对待错误要始终坚守原则，让孩子看到父母身上的坚持原则的正面形象,给孩子树立一个良好的榜样。这样做,会让孩子在面对问题的时候预先知道父母的想法以及父母会怎样反应,他们就会在心里感到比较安全。这种安全是构成孩子对父母信任的重要基础,也是榜样的力量。

用沟通拉近父母与孩子的心

不愿听孩子讲话、不和孩子谈心，就不能了解孩子，不了解孩子就不能帮助教育孩子。孩子是家庭中平等的一员，父母应该以平等的态度敞开心怀和孩子谈看法、讲见闻、说愿望、道欢乐、诉苦衷，共同营造一个民主对话的气氛，从而走进孩子的内心世界。

故事分享

突然有一天杰克的妈妈不再给他打游戏机的零花钱了，杰克对此很不理解，所以一直为此事迁怒于妈妈，对妈妈也很反感，事事与妈妈对着干。其实为了让杰克安心学习，生活的艰辛妈妈从来都不让杰克知道，只想让儿子专心读书，妈妈一直把这个原因埋在心里，也从不在杰克面前提起为什么不给他零花钱。因为杰克的表现，妈妈非常苦恼。

周六晚上，在外地做工的爸爸回来了，妈妈把自己的苦恼告诉了爸爸。晚饭后，爸爸叫杰克到自己身边坐下，把自己在外打工的艰辛经历用聊天的方式告诉了杰克。等爸爸周一离开家后，妈妈发现杰克突然间改变了许多。爸爸告诉了妈妈原因："很多问题需要你跟孩子去沟通，当他明白了你的想法和处境，他会体谅和理解父母并做出正确的行为。你跟孩子之间缺少沟通啊！"

妈妈听了恍然大悟，以后特别注意和孩子之间的沟通交流，结果，孩子身上的许多逆反行为，都消失不见了。

如果这位妈妈能与孩子有更多的沟通，让孩子了解父母工作的忙碌和生活的艰辛，孩子就会理解父母，并改变自己对父母的错误态度。

老师谈启发

父母应该多注意孩子的表现，多倾听孩子的想法，与孩子多交流和沟通。在与孩子沟通的过程中还要注意方式方法，如果认为跟孩子唠叨唠叨就是跟孩子的沟通，不可能有好的结果。

父母们经常会抱怨"孩子越大就越来越不愿意跟我们讲自己的想法和身边的事情"。而孩子们却在诉苦说："爸爸妈妈从来都不知道我们真正想说些什么，只要是他们想说的，他们就没完没了；但是，当我们想跟他们聊我们想说的，他们却一个个都心不在焉。"其实孩子是有许多事情、感受想跟父母说的。他们有欢乐、有苦恼需要跟家长沟通和交流。家长们需要静下心来好好想一想，孩子到底在想些什么？怎么才能通过有效的沟通走进孩子的心里？如果父母能够认真地倾听孩子的诉说、问问孩子的感受，而不是只说着自己想跟孩子说的事情，相信父母一定可以通过沟通来拉近与孩子的距离。

家长谈心得

同孩子的交流与父母同朋友之间的交流一样，需要家长时时刻刻都要对孩子信任、友善、尊重，而避免带有厌烦、生气、责备、警告等语气。父母们应当怎样去与孩子沟通才能走进孩子的内心世界呢？

✪ 客观地评价孩子的表现

父母对孩子表现的评价应该是客观的，不能受到过去孩子情况的影响，也要防止"晕轮效应"和"爱屋及乌"的现象。孩子的情况总是发展变化的，要排除主观偏见，耐心倾听孩子的心声。

✪ 孩子的讲话也需要认真聆听

孩子也同样需要尊重。孩子讲话时，父母要做到不打断、不批评，最好能表现出父母倾听时的热情和兴趣，使孩子感到他被理解、重视和接纳，并能从孩子的立场去理解他说话的内容。

✪ 重视孩子的内心感受

父母要注意孩子内心的需要与感受，体会他的心声、苦恼和心理矛盾，鼓励他坦诚地表明自己的想法和感受。即便有时父母不赞同他的某些行为，但并不表示对他的感受不理解、不认同。孩子对事物的感受或心理活动往往比他的思想更能引发他的行为。所以重视孩子的感受是很重要的，要认真地对他的感受加以理解和评价。

✪ 沟通要切合实际

父母与孩子的交流，无论是批评还是表扬，是谈论家庭还是当下的社会问题，都要切合实际，有理有节，不夸大其辞，不随波逐流。运用切合实际、合情合理的沟通方法可以培养孩子的理智感、自信心，增强教育效果。父母可亲可敬、可以依靠的形象就会在孩子心目中树立起来。

✪ 沟通时言语要清楚、具体、明确

"好吧，你玩一会儿，就回来做作业"。这句话，我们常对孩子说，这"一会儿"是多长时间，孩子有他的打算，父母有自己的要求，如果衡量的标准不一致，导致的结果必然是冲突的。同时，也要引导孩子学会明确表达自己的想法。如孩子说："妈妈，这个

双休日我们几个同学去爬山，行不？"你也需要明确孩子具体的计划后才可以判断是否答应孩子的要求。

　　每个人都会有与人沟通的诉求，孩子也是同样的。有效的沟通应该是建立在互相平等、尊重的基础上才有可能达到沟通的效果的。也只有通过有效的沟通，父母才能够走进孩子的内心世界，拉近与孩子的心的距离。

多听少说的亲子交流方式

多听听孩子的心声，了解孩子的感受，不但可以增进亲子沟通的感情，也可以让孩子明白，当遇到有任何烦恼时，回到家里都会得到父母的体谅和支持。这会增加孩子安全感，而安全感便可使孩子的创造力和理解力得以全面地发挥。

故事分享

肖娜有一个读小学四年级的女儿，她发现最近女儿和自己的聊天越来越少，很多事情女儿都不对她讲了，也变得不如以前听话了。肖娜觉得这不是个好苗头，针对这种情况，她去咨询了家庭教育专家。专家在听了肖娜的情况之后，告诉她与孩子交流的时候要"多听少说"。肖娜听后决定回家试一试。

于是，肖娜改变之前与女儿相处的方式，不再主观地对女儿的言行做价值判断；即使孩子不同意自己的看法时，也承认女儿可以有自己想法的权利，并积极做个女儿的倾听者。

这一天，女儿放学一进门就对肖娜说："妈！我好难过，今天考试考坏了。"肖娜听了，不再像从前一样先去责怪女儿，而是停下手边的工作，来到女儿身边对女儿说："愿意跟我说说考试的情况吗?"女儿看了看妈妈,把自己考试的情况告诉了肖娜。肖娜听后,和女儿一起分析了失败的原因,并和女儿一起商讨了相应的补救手段。听完女儿的诉说,和女儿分析完情况,已经是深夜了。女儿感激地投入肖娜的怀抱说:"妈妈你真好!"那一刻,肖娜的嘴角也浮现出了幸福的笑容。

老师谈启发

父母多听少说,是亲子沟通的重要的一环。尝试多去了解孩子没有表达出的思想感情、内心活动,加强对孩子的内部情绪的把控能力,而这种能力的建立,最重要的途径就是学会聆听孩子的话语,引导孩子多进行自我表达。这需要父母及时抓住孩子隐藏在内心的思想感情的微小、微妙的线索,注意孩子平时的行为变化,这与阅读时注意字里行间的含意所需要的技巧是一样的。

有时候,出于自尊心的一些原因,孩子不愿意说出他们的思想感情,但他们内心是很想让父母明白他们的意图的,这时,他们可能用另一种表达方式对父母进行暗示。

父母试着努力去注意孩子反常的、细微的行为信号。比如,孩子着装、声调、面部表情、习惯性动作等。孩子讲话时,除了注意他言语之外的行为,还要倾听并揣摩他所讲的字里行间的意思,想一想孩子心里是想告诉我们什么,也可以提出一些问题,以便识别或弄清孩子的动机或基本情绪。如果家长们能更细致、耐心些,做到这些都是不困难的。

尤其是对孩子习惯性行为的关注,因为这是了解孩子内部情感的有价值的线索。家长一旦发现孩子习惯性行为的变化,就要尽早地去发觉孩子改变习惯的真正原因、孩子到底在哪些方面遇到了问题,也许孩子们正需要父母们帮他们去解决这些问题。

聆听是了解孩子表达信息的活动过程。亲子沟通的关键不在于父母说而是在于父母要学会聆听。称职的父母，一定要聆听孩子的说话，用自己对孩子的信任、尊重去促使孩子说话，用信任、尊重去促使孩子表达自己，从而与他们有所交流、有所沟通。在聆听和鼓励孩子多说过程中，还要注意以下问题。

✪ 多给孩子互相接触的时间

孩子需要父母陪伴在身边听听他们内心的话语，当他们彷徨、犹豫时，他们需要父母用温暖的话语安慰，也渴求听到父母的建议；当孩子愉悦、兴奋时，他们需要父母分享自己的快乐，向父母倾诉自己的心声。

✪ 专心听孩子讲话

和孩子交流也要有起码的尊重，首先注意力要集中，要选择安静的时间、地点。不要让工作和家务占据与孩子交流的时间，专注并真诚地单独和孩子聊聊天，哪怕只有几分钟。这样的聊天可以是在散步的时候，也可以是在孩子的房间跟他/她玩耍的时候。

✪ 耐心地鼓励孩子多说话

跟孩子交谈时不要打断孩子的讲话，让他自己叙述问题、情况，并鼓励他尽量描述事情的细节。交流过程中可以用"哦，这样啊"等话语耐心地引导孩子讲述，让事情更加详尽地展现出来。最后，父母用自己的词语对孩子的叙述加以解释和说明，帮助孩子把自己想说的话，准确、清楚地表达出来。

✪ 学会运用身体行为语言

行为语言是我们向孩子传达信息的一种非语言的方式。父母们可以用身体行为语言暗示孩子你对他的关注和彼此之间平等的地位,同孩子进行更好的交流。例如,跟孩子挨着坐而不是面对面;温柔地注视而不是皱眉凝视。让孩子不要产生紧张情绪,让谈话变得更加轻松、和谐。

✪ 帮孩子理顺思路,解决问题

一个好的聆听者,是摆脱自己对问题的思想和感情去捕捉倾诉者情绪的波动,成为倾诉者感情的一面镜子。父母要用语言帮助孩子学会表述事情的情况,反映他们自己的感受,帮孩子理顺逻辑,整理思路;应结合自身的实际经验告诉孩子怎样正确地看待、解决问题。

用温和的沟通方式
走进孩子的内心

教育专家陈鹤琴认为，孩子幼小的心灵极易受到挫伤，任何粗暴武断的教育方式都是不合时宜的，只有用温和的方式，才能走进孩子的心灵。"未成曲调先有情"，教育孩子只有动之以情，才能够收到良好的效果。当父母能够用温和的春光去照耀孩子的心时，孩子就会在愉悦之中成长。

故事分享

小东爸爸很久没有回老家了，赶上老家亲戚办喜事，爸爸请了探亲假决定带着小东一起回老家看看家人。小东和爸爸回到老家后住在姑姑家，爸爸因为太久没有见到姑姑，到姑姑家后，爸爸有很多话要跟姑姑聊。小东则跟表弟一起玩玩具。小东一向聪明乖巧，本来和弟弟一起玩得也很好，可是，到中午吃饭的时候小东偏偏吵着要回家。爸爸跟姑姑聊得高兴，听见小东说要回家，不高兴地说，"刚到家，回什么回，好好跟弟弟玩去！"谁知道平时听话的小东突然就不高兴了，连哭带闹地非要马上就回自己家。

爸爸看到这种情况一时不知怎么是好，正想走过去好好教训小东，姑姑拦住了爸爸，走向小东。姑姑对在地上哭闹的小东温柔地说:"小东,你怎么突然就不想跟弟弟玩了呢?刚才不是玩得很好吗?"小东听了姑姑的话,坐起身来说:"爸爸在家的时候不管多忙都会跟我玩一会,可是来到姑姑家,自从我们进家门一直到现在爸爸都没有搭理过我。"

"原来小东不高兴的原因在这儿啊!"姑姑笑着把爸爸拉到小东身边,对小东说:"爸爸只是因为太长时间没有见到家人,而且爸爸和老家人并不能像跟小东一样天天在一起,所以一回到家就想多跟我们聊会儿天的。我想小东一定能明白爸爸心情的,对吗?"小东听了姑姑的话,看了看爸爸,低着头对爸爸说,"爸爸,我不回家了,你跟姑姑再去聊天吧。"爸爸搂过小东来,笑着说:"来,我们跟姑姑、弟弟一起聊聊天。"

老师谈启发

用温和的语言、和蔼的态度与孩子沟通,比较合乎孩子的心理要求和特点,这样有助于促进父母与子女之间的思想交流和感情的沟通,从而使孩子尊重父母、信赖父母,自觉自愿地接受父母的批评和教育。

跟孩子交流沟通要先让孩子卸下自我的心理防备,减缓孩子的心理压力。用和蔼的态度、温和的建议开导、说服,孩子就会获得心理上的宽慰。孩子紧张的神经松弛了,情绪稳定了,父母的话语、建议也就容易被孩子接受了。

如果家长一贯对孩子采取严厉说教,甚至斥责的沟通方式,那么在孩子眼中父母是不可亲近的,而且是令人憎恨的,使得孩子对父母产生强烈的对立情绪,让孩子对父母的言语、建议产生逆反心理。

因此,只有用温和的语言、和蔼的态度与孩子谈话,才能够缩短父母与子女之间的心理距离,增进彼此的亲密关系。跟孩子心平气和地就事论事,会对孩子产生良性的暗示,让孩子愿意接受父母的建议。如此长期坚持，自然会让孩子在快乐、愉悦的家庭氛围中自觉地参照父母所讲的道理去学习、生活和做人。

家长谈心得

如果我们能温和地跟孩子沟通，孩子们会乐意去实现你的想法和愿望。假如你用商量的语气跟孩子谈论问题，你会发现孩子会很认真地考虑你提出的问题，并向你提供各种建议。但是对于在生活中被过分溺爱、娇宠的孩子，当他们任性、发脾气的时候要怎么才能纠正孩子的这种行为呢？家长们可以按照下面的方法试一试。

✪ 不迁就孩子的无理取闹

无论是什么原因，当孩子大哭大闹、摔东西甚至躺在地上打滚时，父母要告诉孩子，他的行为已经影响到了父母，如果他要坚持哭闹，要他去自己的房间，不可以家里公共的区域里。然后选择关上房门离开孩子，直到孩子的哭闹结束。等孩子平静之后，用温和但坚定的口吻跟孩子沟通，寻找问题的原因和解决办法，并要求孩子把因为自己无理取闹弄乱的东西归位。

✪ 家人对孩子的教育要一致

当孩子任性、无理取闹的时候，家人对待孩子的方式要一致，不能采取一方不迁就、另一方袒护的态度。袒护的一方会强化孩子的不良行为，会让孩子有心理上的后盾，这样的教育会适得其反，让孩子的这种行为愈演愈烈。

✪ 不做孩子眼泪的俘虏

看到孩子哭了，不盲目跟孩子求和，要仔细观察孩子的情况，如果没有孩子没有受伤，任凭他哭闹。孩子有时候是有小狡猾的，他虽然在哭闹，但其实是在偷偷观察父母的反应，当他发现

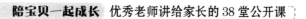

房间里没人了,他会随即停止哭闹。父母这时再适时地跟孩子沟通会更有效。

✪ 给孩子讲讲道理

当孩子停止了哭闹,此时,正是父母跟孩子沟通、最容易走进孩子内心的时刻。父母可以用温和的沟通方式,告诉孩子爸爸妈妈相信他一定会用正确的做法处理事情,他一直是一个父母喜欢的好孩子。

对于任性的孩子,如果父母能够认真地、持之以恒地按照上述办法做,同时,不断探索更为科学的教育新方法,使孩子知道自己不合理的要求不是都能满足的。相信孩子一定会在父母的鼓励、引导下,慢慢地学会克制自己,收敛自己任性的行为。

父母的威严不等于指责
孩子的权利

责备孩子的声音越小，孩子听得就越认真，教育的效果也就会越好。与肉体处罚比较起来，父母对孩子动不动就破口大骂，更有可能在以后的岁月给他们造成心理问题。

故事分享

小美在练琴的时候，妈妈总是习惯性地在一旁纠正小美的姿势。这天，在妈妈纠正小美的时候，她终于不服气地对妈妈说自己没有做错。妈妈一下就生气起来，厉声训斥小美上课的时候就不认真看老师的姿势，所以自己总是不能做正确。

听到妈妈不停的责备，小美不再还嘴，只是默默地拉琴，但妈妈没有发现小美的眼中满是泪水。然而妈妈却越说越生气，又联想起小美最近种种不够好的表现，一遍接一遍地数落起小美，火气也越来越大。终于，小美停下了练琴，坐在自己的床上自己大哭了起来，妈妈看到小美的样子，也不再说话，并走出了小美的练琴室，最终事情也就这样不了了之了。

老师谈启发

哈佛大学医学院教授马丁·H·泰切和他的同事曾在《美国精神病学》杂志上撰文指出："对那些有心致力于受虐待孩子福利的个体来说，不应该低估对孩子责骂产生的后果。"他们还表示，我们应该对孩子所遭受的各种不同的创伤给予细心关注，因为与那些特定的身体上的虐待相比这或许更具严重性。

泰切和他的同事在报告中指出，一直以来缺乏对遭受口头责骂所造成的影响的研究。此前人们的研究只集中于身体或性虐待或目睹家庭暴力对孩子造成的长期性影响。研究人员发现只经历过情感虐待对人的心理影响和对那些只经历过性虐待的人或只经历过身体虐待人的影响是一样的。与身体和性虐待相比，情感虐待对精神分裂症状的影响要更为强烈，而那些经历辱骂和目睹过家庭暴力的人与那些经历家庭性虐待的人相比会表现出更多的分裂症状。经历过的虐待类型越多，精神病学方面的症状也就越多。研究人员指出，在接受研究的这些遭受过虐待的人中 59% 的人都曾经历过两种或更多类型的虐待。

研究还表明：遭受辱骂容易让人产生压力，心情紧张，这又影响了他们大脑中某些脆弱区域的正常发育，导致他们在精神病学方面出现一些严重后果。

家长谈心得

有些父母总认为父母的地位和权威只有通过对孩子的训斥和责骂才能体现出来，这些父母批评孩子的时候表情严肃，声音很大，以为嗓门越大，孩子越会记忆深刻，效果也就会越好。其实这种观点完全是错误的，这是很多父母们的误区。孩子的心智毕竟不能像大人一样成熟，他们犯错，甚至经常犯同样的错误，这都是正常现象。父母的批评是必要的，但倘若一味地大声训斥，甚至拳打脚踢,这样不仅不能得到父母想要得到的效果,还有可能引起孩子逆反心理,结果往往收效甚微或是事与愿违。

为此,如何正确地站在父母的角度,以长者的姿态来教育或者责备孩子要掌握好以下技巧。

✿ 指责要适时和适度

发现孩子的错误和缺点之后,父母要及时给予指导,趁热打铁,不可拖拉。在责备孩子时,态度要严肃,语气要平和,摆眼前事实,讲错在何处,不要翻老账,拉三扯四地就会喧宾夺主。

✿ 以说明过失的后果代替责骂

当孩子犯了错误的时候,父母尽量不要开口就责骂孩子,这样做不仅强调了孩子的过失行为,而且让孩子的注意力全部集中在与你的责备相对抗上,让孩子无法反思自己的行为,也就达不到教育的目的。父母可以在这时,对孩子说明失误、错误之后的后果,调动孩子的情绪让他自己去感受错误带来的损失。让孩子自己发觉所犯的错误,并认识到错误本身的严重性,孩子自然而然会对自己的过失行为进行反思,并想办法在今后类似的问题中去改正自己的错误。

✿ 放低责备的语调

当父母碰到孩子犯错,如果父母不问青红皂白就连珠炮似地数落孩子,孩子往往因惧怕只感受到了父母的愤怒却听不进父母到底说了什么,有可能是父母说的话等于什么都没说。同时,对父母的话产生逆反心理。假如父母能够放低责备语调,放慢语速地跟孩子讲明你的看法和态度,反而更能让自己的话走进孩子心里,让孩子明白自己到底错在哪里。

✿ 责备也可以用委婉的方式

对于孩子一些不好的生活习惯,我们可以学着采用委婉的责备方式,让孩子更容易接受和改正不好的生活习惯。例如,孩子喜欢赖床,父母可以告诉孩子,邻居家的好朋友都在洗脸了,并表示相信孩子也能早早起床,也能做到天天上学不迟到。父母的表扬与鼓励,是孩子积极、向上的内驱力,这种驱动力抵消了由于责备带给孩子的自卑心理,对于年幼的孩子尤为有效。

✪ 要让孩子知道你是爱他的

当父母责备孩子之后,要记得安抚孩子,可以通过替孩子擦眼泪、搂抱、抚摸等举动,告诉他你对他的批评是为他好,是爱他的表现,千万不要把孩子冷落在一边,让他独自去面对和消化父母的批评。如果能在安抚的过程中引导孩子说出他对错误、过失的认识,那么父母的责备不仅会让孩子认识到错误,也增进了父子间、母子间的感情。

从生活细节中学会体贴孩子

教育首先是关心备至地、深思熟虑地、小心翼翼地去触及年轻的心灵。……教育者还必须具备一种对美的精细的感觉。你必须热爱美、创造美和维护美,包括自然界的美和你的学生的内心美。

——苏霍姆林斯基(前苏联著名教育家)

故事分享

马丽回忆起儿子过 8 岁生日的那天。儿子一回家就兴奋地对自己说:"妈妈,我今天收到了一份最棒的礼物,你肯定猜不到是什么礼物。"看着儿子高兴的笑脸,马丽说:"一定是你最爱的汽车模型吧!""不对,"儿子快速地摆着小手,激动地说:"是今天老师表扬我啦,说我不仅作业完成得好,而且还能帮助其他同学一起学习!"马丽不禁心想,儿子长大了啊,物质的礼物已经不再是孩子最期望得到的了,他开始寻求精神上的满足了。

马丽是一个严格的妈妈,儿子的一番话,不得不让马丽仔细回想自己对待儿子在学习上的态度。马丽认为作业做得好是理所当然的事情,不应该有什么表扬;但如果做得不好,马丽一定会横加批评,甚至是训斥。久而久之,儿子总觉得在妈妈眼里总也做不好,然而在儿子生日前夕,老师一句表扬的话让孩子得到了认可。这样的认可让孩子感受到的快乐胜过以往孩子得到的任何物质形式的礼物。

在之后的日子里,马丽开始努力去考虑孩子的心理需求,只要发现儿子有进步的地方就一定会及时表扬;做得不好的事情,及时鼓励孩子,并且帮助孩子纠正,帮孩子找回自信。

马丽认识到对孩子的教育是不能用简单、直接的方式来进行的,需要根据孩子的情况,在生活细节中多关注孩子,不断鼓励孩子的学习成果,才能使孩子不断进步。

老师谈启发

一切教育都是从对孩子天性的理解开始,包括耐心地倾听孩子的每一次谈话,细心观察孩子的每一个眼神。也就是说,无论什么样的教育都应当体现出对孩子的人文关怀,这种关怀应从生活的细节入手,让孩子感受到父母的理解、尊重、关爱,从而影响孩子的心灵。

现实生活中的很多父母或者由于工作忙,或者由于生活压力大,或者由于疏忽,缺乏对孩子生活细节的关心。一味地责骂、训斥孩子的行为,不去在细节中发现孩子的问题,这样是不能解决孩子的教育问题的。不是所有的孩子都想要一样的玩具、一样的衣服、一样的美食,孩子也有不同的需求,对于不同年龄层的孩子更是如此。当孩子已经不再单一地满足物质上的需求时,父母更应该多多关注孩子内心在精神上的需求是什么。

当父母用心地在生活细节中观察、体贴孩子,参与并积极响应孩子的生活活动时,你就会发现孩子精神上的需求是什么。让孩子时时处处感受到父母和自己在一起,这是孩子成长过程中不可缺少的关爱。孩子需要体贴爱护,这对于他们的情绪安定和感受亲子间的亲情有着重要的影响。如果能持续得到父母温暖的关爱,体贴的照顾,肯定的回馈,这些无疑都会帮助孩子在认知能力和情商的发展上收获良多。

家长谈心得

父母不但要关注孩子生理上的需要,关心孩子的日常起居,还应当关心孩子心理上的需要,真心倾听孩子的诉说,耐心了解他表达的意思,多多给予支持和引导,与孩子进行平等的双向交流。

家庭教育可以从孩子生活的点点滴滴入手,理解、体贴自己的孩子,时刻关注并给予孩子正向的指导,让教育变得润物细无声。

✪ 孩子需要父母的理解

孩子也同成年人一样需要别人的理解,他们也有美好的愿望,只是有时他们不知道怎样表达,所以有时候孩子选择了不恰当的表达方式。如果父母没有耐心仔细询问并揣摩孩子的心理,就不能对孩子的想法有正确的理解。也许此时,孩子那颗纯洁、善良的心灵,就被我们误解了。因为我们的误解,他们会感到伤心和失望,由此,他们也许会把自己原来美好的愿望和情绪收起来,变得麻木、冷漠。所以,我们要努力走进孩子的内心,听孩子说说自己的真实想法,真正体会孩子的出发点,我们会发现孩子那颗金子般的心。孩子也会为自己的善良得到别人的认可和尊重而欣慰。接着,他们会去做第二件、第三件好事,直到美好人格的形成。

✪ 用无私的爱打开孩子的心扉

我们大都只对自己信赖的人展现自己的内心世界。想让孩子对自己敞开心扉,只有让孩子在生活的细节中无时无刻体会到慈母般的关爱。母爱是人世间最神圣的感情,因为这种感情最没有利禄之心掺杂其间。母爱也是最容易让孩子安心依赖的,用心去关心和爱护孩子,找到孩子真正的精神需求,孩子才会对我们敞开心扉,父母也才能走进孩子的心里。

✪ 多抽出时间和孩子在一起

尽管身为父母,我们每个人都肩负着生活的压力,忙碌地工作,但是也要尽可能多地抽出时间与孩子在一起。陪伴是亲子关系的纽带,只有和孩子有更多的互动和交流才能建立良好的亲子关系,从而使孩子的身心健康、快乐地发展。

包容、善待孩子的错误

孩子的成长从某种意义上讲就是不断减少过失的过程。善待孩子的过失，其实也就是对孩子进行正确引导，使其避免再犯同类的过失或错误。作为父母，无论孩子所犯的过失是大是小，都应该努力以心平气和的心境来对待；暴怒对待孩子，不但于事无补，伤害了孩子，还会掩盖了过失的本质，可能会让孩子一错再错。

故事分享

著名医学家大卫·柯珀菲尔在回忆小时候自己所犯的错误时说道，创造力往往来源于无意间犯下的小错误。

一次，妈妈让7岁的大卫从冰箱里拿一瓶牛奶，可是因为瓶子太滑，大卫没能拿住，瓶子一下子掉到地上，牛奶撒得满地都是。大卫的妈妈听到响声匆忙来到厨房，看到当时的场景，并没有对大卫大呼小叫，厉声训斥，相反，她说大卫，你制造了一个我从没有见过的牛奶大坑。牛奶肯定喝不了了，你想不想在牛奶中玩几分钟？"大卫忽闪着大眼睛，高兴地跳进了牛奶里。几分钟之后，妈妈说："来吧，大卫，是时候把你制造的混乱清理干净了。

每当你制造混乱了之后，一定要把它恢复原样的。好吧，现在我们可以用拖把、毛巾或者海绵来做清理，你喜欢用哪一样？"大卫最终选择了海绵，于是母子俩一起清理了打翻的牛奶。

清理工作做完之后，大卫妈妈说："如何用两只小手拿大牛奶瓶，你已经做了一个失败的实验。来，让我们把瓶子装满水，看看怎样才能拿得动它。"大卫很快就意识到，可以用双手抓住瓶颈，就可以拿住它不会掉。这堂课真棒！大卫在那一刻懂得了过失是学习新本领、领悟新道理的机会。身为父母，要学会不怕孩子犯错，并且善待他们所犯的错误。

老师谈启发

当孩子犯了错误，孩子就已经对自己所造成的破坏感到非常后悔和难过，有时甚至会感到恐惧。如果父母此时采取批评和指责孩子，不但不能让已经犯下的错误有所改善，还会让亲子关系变得疏远。其实孩子有过失的时候，恰好是教育的良机。孩子的内疚和不安更能让他们深刻地明白所犯错误的道理。所以，父母要保持冷静，讲明道理，指出弥补过失的方法，让孩子吃一堑长一智，从过失中学到有价值的东西。

家长的理解和包容不仅安慰了孩子的心灵，让孩子通过错误吸取经验教训；而一味地训斥和打骂，只会让孩子感到恐惧，却淡忘了事件本身。

当孩子本意正确、方式错误的时候，父母首先应该对孩子的本意给予赏识，然后帮助孩子分析错在哪里，并教给他正确的方法，指导孩子的生活和学习。受到父母赏识、包容和教育的孩子，会在愉快中接受父母的建议，时刻记住自己的过失，并在以后逐步改进或改正。

孩子犯错是很正常的。面对孩子的错误，如果父母不注意教育方式，不分青红皂白地批评、责骂、惩罚，不但不能让孩子改正错误,相反会使孩子形成胆怯、退缩或者是叛逆、攻击等不良心理。所以,包容孩子的过失,以平静的心态对待孩子的过失,才是最好的教育方法。

家长谈心得

当父母们想包容孩子的错误,但却不能控制自己的时候,不妨从下面几个方面试着做一做。

✪ 体谅孩子的错误

对于涉世未深的孩子来说,出现这样或那样的过失是很正常的。对于孩子的错误,以平常心去看待,心平气和地孩子讲道理,帮孩子分析错误的原因,引导孩子找到改正的方法。让孩子在和谐的氛围下明白问题的本质,同时,在父母情绪的影响下,孩子也学会如何去包容他人,这对孩子的成长也会起到积极的作用。

✪ 区别对待孩子的错误

对于孩子无意间所犯的错误,这些过失大多是孩子能力所不能及,或者解决问题的意识还不能到达的,所以面对这样的错误,我们要体谅孩子,帮助孩子找到解决问题的方法。对于孩子故意所犯的错误,首先理解孩子这样做的目的大多是因为想要引起别人的注意,且孩子没有意识到这样做是错误的。家长要告诉孩子错误所在,并让孩子明白其中的道理,在日后帮助孩子改正。

✪ 给孩子解释的机会

有的父母性子特别急,当孩子犯错时,不给孩子解释的时间和机会,先打骂一顿再说。其实父母的这种做法是很自私的,打骂孩子仅仅是为了发泄自己的怒气,缓解自己的情绪,丝毫起不到教育的目的。有时孩子犯错并不是出于本意,而是想帮助父母做点事，只是由于自己的经验和能力不够才犯错的。比如有个小女孩本想帮父母洗碗，却不小心把碗打碎了。如果父母不听孩子解释而打了孩子，其结果是打击了孩子的积极性，以后孩子再也不想帮父母做家务了。

✪ 让孩子学会审视自己的错误

孩子有时犯了错误，自己也会反思问题的原因。家长此时就可以因势利导地与孩子一起找到问题的根源。这样孩子会对自己的错误有更深刻的认识，同时也培养了孩子审视自我的能力。让孩子自己学着找到错误的原因，这更能让孩子提高改正过失的自觉性，也会更有效地让孩子避免犯同类的错误。

孩子的心异常娇嫩，像一株刚露头的嫩芽、一朵初绽放的花蕾，需要父母加倍呵护。我们常说：人非圣贤，孰能无过？面对我们的孩子，就让我们用一颗宽容、平和的心去包容他们的过失，找到更恰当的方式去引导孩子解决问题，让孩子们在正确的人生道路上健康成长。

要让孩子体会到父母的爱

父母深沉的爱,恰似大江大河的源泉,当孩子无助时,给孩子希望;父母深沉的爱,恰似不灭的灯塔,当黑暗袭来时,给孩子光明;父母深沉的爱,恰似激昂的旋律,当孩子意志消沉时,给孩子鼓舞;父母深沉的爱,恰似激越的号角,当孩子烦恼袭来时,给孩子力量。

故事分享

李嘉诚的家族治学风气很浓,知书识礼。李嘉诚的父亲知识涵养俱佳,德高望重,致力于教育。可是,1943年冬天。对于14岁的李嘉诚来说是沉痛的,他慈祥温和的父亲,永远离他而去了。李嘉诚没有消沉,而是鼓足勇气面对现实,以一种豁达的心态担负起家庭的重任,接人生的挑战。

李嘉诚回忆说:"难忘的是父亲的拥抱。我至今还清楚地记得,稳健而富有涵养的父亲,与我亲密接触时,常常会忍不住紧紧拥抱我,并把我举得很高。父亲还时常时我说,'你是父亲的骄傲,有你这样一个儿子我是多么自豪。'父亲把他满腔的爱心都倾注在我身上,并培养我成为一个自信的、有主见的人。"

对于幼小、天真的孩子来说,启蒙教育尤为重要;父母的爱让孩子在启蒙阶段感受到快乐与幸福,让孩子得以健康发展,并勇于迎接人生的挑战。

老师谈启发

绝大多数孩子都希望得到父母的拥抱,甚至觉得自己的一生都需要父母的拥抱。在拥抱的过程中,亲子之间身体的相互接触是传达父母对孩子关爱的体现,使孩子得到强烈的幸福感和安全感。

知心姐姐卢勤曾说过:"爱是一个口袋,往里装产生的是满足感,而往外掏产生的是成就感。"的确,如果让孩子时时刻刻成长在爱心中,让孩子时刻感受到生活的快乐与满足,建立孩子良好的道德品质。孩子也会带着自己对生活的热爱去感悟生命,迎接挑战,健康地成长。

孩子一切生活的基础和未来的认识及行为几乎全部归结于早期教育,而早期教育的爱是孩子的人格、心智、道德等各方面发展的最重要的基础。父母的爱对于孩子的早期教育来说,就如同初春的一抹新绿,如同山间清澈的小溪,为孩子的生活展开清新、美好的画卷。

教育孩子是一门科学,而关爱孩子则是一门艺术。用心去关爱孩子,你会发现孩子身上的闪光点,从而帮助孩子树立自信心,挖掘出孩子的潜能。父母们都应该懂得:爱是教养孩子的基础。没有对孩子的爱,教育也就无从谈起。另一方面,关爱孩子也要适度,过度的关爱会扼杀孩子的天性和童真,导致孩子性格上的缺陷和心理上的障碍。教育专家认为,对孩子过度的关爱与对孩子采取棍棒教育如出一辙,只不过后者的伤害是从肉体到心灵,前者的伤害是从心灵到肉体。

家长谈心得

为了我们下一代的健康成长,怎样做才是正确适度地爱孩子呢?如何让孩子体会到爱的力量,并引导孩子走向成功呢?家长们不妨按照如下所说的几个方面去试试看。

✪ 身体接触

身体接触是最易于让孩子体会到父母关爱的方式,经常被拥抱和亲吻的孩子,比那些被父母长期甩在一边且没有身体碰触的孩子更容易发展出健全的感情生活。能得到父母更多身体接触的孩子,其性格也会更加阳光、开朗,在事业上也更容易成功。

✪ 语言肯定

父母们对孩子肯定的话语同样也会让孩子感受到父母对自己的关爱。即使父母还没有掌握好夸奖孩子的尺度,也可以尝试每天对孩子说几句口头上的夸奖和赞美的话。

✪ 时刻关注

让孩子感受到父母时刻对他的关注,并让他感受到他在父母心中的重要性和父母对他的喜爱。这样会使孩子感觉到他时刻都能得到父母的关爱,他总是和父母的心在一起,让他感受到家庭的温暖和幸福。

✪ 赠送礼物

给孩子赠送礼物也是表达父母关爱的方式,有意义的礼物会变成爱的象征。得到礼物的愉悦不仅仅会让孩子在当时感受到父母的爱,有时甚至在多年之后,当孩子看到礼物的时候仍然会倍感幸福。礼物也成为父母对孩子关爱的一个见证。

✪ 支持服务

父母给孩子支持服务的目的是帮助他们在目前有限的能力

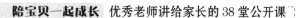

范围内，完成困扰他们的事情，帮助他们理解、明白事情的道理并总结出事物的规律，让孩子从懵懂到成熟。

父母的爱并不是每一个子女都能感受到的。有的父母害怕娇惯孩子，就采取一种很严格的方法对待孩子。孩子处于负面阴影之下。这样的结果，常常会引起孩子自尊心的缺失。父母要把对子女的爱表达出来，让孩子体会到父母的关爱，这样才能有助于培养孩子的自尊心，让孩子在温暖幸福中快乐健康地成长。

：孩子的坏脾气需要父母的梳理

每一个孩子都会有"坏"脾气。孩子的"坏"脾气需要父母的理解。在了解孩子发脾气的原因之后，父母应采取适当的应对方法帮助孩子梳理"坏"脾气的原由，帮助孩子养成不骄不躁、心平气和的好心态。

故事分享

小乔的女儿总是试图以哭闹作为达成自己目的的武器。这不，今天女儿又要故伎重施，小乔在昨天就跟她商量好了本周六的时间安排，早晨把未完成的作业写完，然后去上钢琴课，午休过后再出去找好朋友一起玩。可是，一早起来的女儿偏偏要先玩新买的玩具，任小乔怎么讲道理，女儿就是不听，而且看样子马上又要哭闹了。小乔觉得这样下去可不行，乘着今天的机会该教育一下女儿了。于是断然宣布"今天一天都不许玩玩具"。女儿一听，顿时开始放声大哭。小乔见状，立刻又说："再哭，明天也不许玩。"女儿仍然不放弃，小乔看了看女儿，对她说："你可以选择继续哭，我要去忙了。"小乔把孩子单独留在卧室，自己去厨房准备早餐。

　　小乔一边在厨房里做早餐，一边默默关注女儿的情况，女儿见妈妈不在身边，哭了一会儿之后就自己去拿书包，打开作业本开始写起作业了。于是小乔走到女儿面前，俯下身来对女儿说："你有什么要求，一定要说出充足的理由来，只要理由是正确和合理的，父母就尽力支持你。反之，如果不讲理地哭闹，那么即使是合理的要求父母也不答应。"从此以后女儿就很少再采用这种无理的方式来表达要求了。

　　孩子不是天生就是大脾气，而是有时父母给孩子养成某些坏脾气的。行为主义心理学指出，孩子们的行为无论好坏，一旦受到了成人的赞许或奖励，就使这一行为得到了强化，以后再遇到类似情景时，这一行为就很容易再出现。

老师谈启发

　　当孩子第一次为了实现自己的愿望，以发脾气为手段来威胁父母时，做父母的担心孩子哭坏了嗓子，或怕在公共场所丢面子，就去搂抱孩子，满足孩子的愿望，这就使孩子发脾气这一行为受到了强化，也就是认可孩子以发脾气来获得父母的搂抱或得到想要的东西。孩子开始一次又一次地发脾气，就这样孩子越来越得寸进尺，脾气也越来越大，越来越任性、粗暴，着急的父母常常感到困惑。

　　事实上，孩子发脾气有很多原因，要认真区别其中的差异，有针对性地做好排解工作。

✪ 疲劳或受挫时的坏脾气

　　孩子在饥饿、疲劳或为他所做的事感到困惑时，很容易用发脾气的发泄方式表示自己的不满。这时，你只需要问明白他生气的原因，让孩子休息一下或者吃点东西，孩子的坏脾气很快就不见了。如果是孩子碰到了不会处理的问题，可以教给孩子处理的办法，并和孩子一起把问题解决，孩子就会平静下来了。

✪ 寻求关注的坏脾气

孩子有时会因为想要得到父母的关注和陪伴又不会用更好的方式来表达才采取发脾气的方式引起父母的注意。你可以先把孩子放在相对独立的空间里,先让他平静下来,然后跟孩子沟通看他到底想要什么,之后再视情况采取措施。

✪ 心情不好时的坏脾气

有时候你会发现你说什么,孩子都反对,而且情绪也不好。其实孩子和我们一样也有心情不好的时候,那我们就把想做的事情稍作推迟,让孩子和自己都放松一下,相信用不了多久孩子的心情就会由阴转晴了。

✪ 破坏性或恶作剧的坏脾气

孩子可能会故意在公共场合和人多的时候发脾气,这时,可以把孩子和人群隔离开来,既让他冷静下来,也作为一种惩罚。事后,你一定要告诉他这样做是非常不礼貌也不受欢迎的,是大家不希望看到的行为和表现。

父母应该理性地对待孩子的坏脾气,帮孩子梳理自己的情绪,当孩子安静下来再告诉他如何控制自己的坏脾气。

家长谈心得

遇到孩子发脾气,父母要先搞清楚孩子发脾气的原因,然后站在孩子的角度去理解孩子的情绪。同时,反思下自己,在与孩子相处方面自身是否有存在问题。如果是这样的话,你不妨和孩子约定,一起改正自身的不足。

最重要的是,在孩子发脾气时,你一定要把握住自己,不要急躁。如果他不愿洗澡,你不妨让他先玩一会,但不能放弃让他洗澡。切记让步要有理、有利、有节,让步不能过大,也不能过于频繁,否则,他很可能会养成用发脾气与你讨价还价的习惯。

随着年纪的增长,孩子的坏脾气也会更频繁,而且不好控制。不论是什么原因引起的坏脾气,最行之有效的做法是先把孩子带到相对安静、独立的空间里,让孩子平静下来。随后再与孩子进行沟通,诱导他把发脾气的原因说出来,到底是什么原因让他这样发脾气,有什么办法可以改善。家长不妨把疏导孩子坏脾气当作是孩子提高语言技巧的机会,让孩子学会心平气和地表达自己的想法和情绪。家长切记此时一定要沉住气倾听他的解释,不要与他争论不休,待孩子完全表达出自己发脾气的缘由之后,再告诉孩子怎样才是正确的表达方式。

与孩子一起面对、改正缺点

　　"金无足赤,人无完人。"世界上十全十美的成人是没有的,何况是正在成长的孩子。孩子身上所谓的优点和缺点是辩证的,表面是缺点,实质却有可能包含着优点的潜能。今日的缺点,也许就是明日的优点。辩证法告诉父母们,一切事物都处于转化之中,在一定的条件下,一个孩子的缺点可能会转变成优点。

故事分享

　　莎莎最不喜欢上手工课,因为手工课让她觉得自己是个笨手笨脚的女孩。班上的女孩子好像看起来都比她心灵手巧,老师教的内容只有自己不能顺利完成。她感到很沮丧,回到家她问妈妈,为什么自己用心了还是做不好。妈妈对她说:"每个人的能力都是有所差别的。你的手工可能比一些同学差一些,但是你也一定会有优于其他同学的地方,大家都各有所长,这没有什么的,只要你每次上手工课尽自己最大的努力就可以了。"

　　妈妈的话让莎莎信心大增,心想:"我虽然不如别人手巧,但是我能唱出好听的歌曲,还会讲许多同学们都没有听过的故事呢。"

妈妈看到莎莎脸上闪过的自信，紧接着对莎莎说："所以，你现在已经发现了自己身上的小缺点，想不想把这个小缺点改掉，让自己变得更好呢？"莎莎听了，疑惑地看着妈妈说："这个缺点是不是天生的啊？我能把它改掉吗？"妈妈笑着说："只要你想去改掉它，我相信莎莎一定可以变得和其他同学一样喜欢上做手工！"

于是，妈妈和莎莎一有空闲，就一起找一些手工练习在家里做。一开始，在妈妈的指引下，莎莎还是做不好，可是随着手工越做越多，莎莎的手也变得越来越灵巧起来。有时，莎莎甚至可以在没有妈妈的陪伴和引导下，自己完成一件手工作品，而且手工作品的难度也越来越大。

就这样，莎莎在妈妈的一路鼓励和引导下，不仅能够顺利地完成课堂上老师讲的手工课内容，而且还能自主地进行一些手工的改造，让简单的手工变得更加有趣和丰富多彩。莎莎现在完全不再为手工课而苦恼，她甚至爱上了做手工，并且已经成为他们班上的手工达人。

每个孩子或多或少都有一些缺点，对于孩子的缺点，父母可以通过鼓励、暗示、引导等方式让孩子勇于面对自己的缺点，重拾自己的自信心。而后，同孩子一起想办法改正自己的缺点。

老师谈启发

人的各项能力天生就不是平等的，各项能力在不平等的基础上同时受到客观条件的限制及影响。所以，每个孩子都有这样或者那样的缺点是非常正常的情况，家长大可不必为孩子的这些缺点而苦恼。

孩子的缺点要想完全矫正不是件容易的事情，一方面，父母需要鼓励已经为此苦恼的孩子，让他们正视自己的缺点，拾起克服缺点的自信；另一方面，父母还要努力引导孩子，创造能够改正缺点的机会，营造时刻能够改正缺点的氛围，陪孩子一起战胜缺点。让孩子在一次次的实践中吸取经验教训，不断克服缺点达成目标的时候，缺点也就慢慢地被孩子战胜了。

父母不要因为孩子某些方面有不足看不起孩子，甚至嘲笑孩子，这样做，只会使孩子更加自卑，甚至自暴自弃，从而毁了孩子的一生。所以，赏识孩子，不仅仅表现为夸奖孩子的优点和长处，也不仅仅是激励孩子更加努力和勇敢，还包括如何正确对待孩子的缺点。应宽容孩子的缺点，帮助孩子克服缺点、弥补缺陷，从而健康地成长。

家长谈心得

当孩子感觉到自己不如别的孩子做得好的时候，他们已经对自己的能力产生怀疑。他们往往会到父母那里寻求一个证实或者一些安慰，这时候，父母不应再在孩子的伤口上撒盐，而应该鼓励孩子，让孩子始终对自己充满信心。

面对孩子的缺点，父母不仅要安慰孩子、鼓励孩子，还要帮助让孩子树立信心。怎么样才能做到宽容孩子的缺点，教育好自己的孩子呢？

首先，要知道每一个孩子是都是不同的，孩子的某些缺点可能就是他某种个性所致，这不完全能由他自己所控制。如果孩子能够依靠自身的努力改正某些缺点，他一定要比其他孩子付出更多的努力。一旦孩子通过自己的努力克服了自己的缺点，他可能更优秀。

其次，人人都喜欢听赞美之词，孩子往往都会在父母的夸奖声中变得越来越好。想帮助孩子改掉缺点，也可以采取迂回的方式。我们可以先赞扬他的优点，例如，孩子很粗心，你可以先夸他做事很果断，就是细心差了一点；孩子英语发音不好，记忆力不错，那就先先夸他记忆力很棒，发音再加把劲儿那就更厉害了。

再次,摒弃错误的家教观念。认为棍棒出才子,一味地批评、指责孩子,用压力迫使孩子改正缺点的想法是不科学的。这种做法,不仅使孩子越来越没有信心,也让孩子的情况越来越差。

让孩子更加优秀、出色,是父母的心愿。面对孩子的缺点,要以正确的心态去对待,帮助孩子树立战胜自我缺点的自信。当你宽容地看待孩子的缺点时,你会不经意地发现孩子更多的优点,而后在自然而然的过程中让孩子改掉了缺点,这样才能形成更多的优点。

孩子成长需要父母的陪伴

很多父母总是终日奔忙,从来无暇顾及孩子。当他们终于有一天想好好关心孩子的时候,发现竟然无法与孩子进行沟通,父母对孩子已经变得无足轻重。

——夏洛特·梅森(英国教育家)

故事分享

皮特下班回到家,一身疲惫。小莱昂看见父亲回家,一个健步冲到父亲身边,问父亲一个小时的工资是多少,皮特有点不高兴地对儿子说20美元。小莱昂听了之后,便向父亲借10美元,皮特很气愤地对小莱昂说自己工作这么辛苦,一个小时也才挣20美元,你这小子肯定要把我的钱拿去买什么玩具,气势汹汹地叫小莱昂马上回房间睡觉。

等皮特冷静下来,他觉得不能因为自己工作的疲惫而对莱昂采取那样的态度,这样对孩子不公平。于是,他来到孩子的房间,对莱昂说,要把钱借给莱昂。谁知莱昂高兴地从枕头下拿出自己平时攒的10美元,对皮特说,"爸爸我现在有20美元了,我要买你一个小时陪我玩,好吗?"皮特听了小莱昂的话,心中充满了自责。他这才意识到，孩子不只是有玩具就满足了，孩子更需要的是父母的陪伴，与父母一同度过的时光将是他们人生中最美好的记忆。

工作和生活的压力，使很多家庭都产生了这样的问题。父母几乎把所有的时间都花在了工作上，根本抽不出时间陪孩子。让孩子的成长过程不仅缺失了与父母之间的亲情，也让孩子无从感受到父母对自己的爱。孩子的成长，不是只要物质上的满足，他们需要的正是最最普通，也最最珍贵的父母的陪伴。

老师谈启发

很多父母，特别是做父亲的，往往都特别忙碌。他们忙着自己的事业，忙着如何挣钱；也忙着给自己找乐子，聚会、消遣；可偏偏就是没有和孩子在一起的时间，没有跟孩子心灵的对话，从不和孩子一起唱儿歌、讲故事、玩游戏、捉迷藏。忙碌的父母们认为，给孩子钱，或者给孩子想要的玩具或者衣服，孩子就会心满意足。至于陪伴，他们却从来也没有认真地想一想，孩子是否有这方面的需求，陪伴真正的意义是什么。

其实，事业是可以一步步发展的，金钱也是可以慢慢赚的。至于自己的娱乐，家长们应该在心中始终提醒自己身为父母的职责。孩子成长中每一个脚步都是不可能重复的，许多事情，一旦错过就不可挽回了。当孩子需要陪伴的时候，是父母与孩子之间建立相互信任、依靠，加深彼此感情的有利时机。在陪伴的过程中，父母可以悄无声息地把很多人生的道理和做人的原则传递给孩子。童心是一张洁净的白纸，要在这张白纸上画上最新最美的画图，作为父母，除了用丰富的物质生活作颜料，还要用父母之爱、稚子之情作彩笔，去描绘孩子的童真、感受、能力、理想等。孩子的健康成长并不单是靠丰富的物质生活来保障的，而是需要父母更多的关爱。

　　父母千万别忽视了孩子的心理需求,整日沉迷于自我奋斗或是吃喝玩乐,而漠视了自己的行为对孩子潜移默化的不良影响。

　　每个孩子都期待能得到父母足够的重视,希望能和父母有更多的时间交流。作为父母,在了解孩子的心理诉求之后,可以在工作之余,腾出一些时间来满足孩子精神的需要,例如,跟孩子一起参加学校里组织的各项活动,陪孩子看场动画片,或者干脆陪孩子翻天覆地地在家里瞎闹腾。在这些陪伴中,不仅向孩子展示了父母所长,也给孩子提供了向父母学习的机会,还会促进家庭成员的交流,使得家庭的氛围更加和睦。

家长谈心得

　　父母的陪伴,不仅要注意时间上的长度,更要关注父母陪伴孩子的质量。如果你一边陪孩子搭积木,一边看自己的手机,这样的陪伴就不是真正意义上的陪伴,孩子是无法从中感受到父母对自己的关爱的。无论陪伴孩子的时间长短,我们都应该专心致志地和孩子在一起,这样才能让孩子感觉到你对他的真实情感和爱。父母和孩子在一起,应该非常投入地沉浸在孩子的世界里。

　　陪伴孩子不单单只是和孩子在一起,作为家长应该学会主动与孩子沟通,让孩子感觉到你是积极地陪伴着他,一起跟孩子互动。你是否专心,孩子是很容易就能察觉到的。父母心不在焉的举动不仅没有起到陪伴的作用,反而会给孩子留下爸爸妈妈对自己敷衍的印象。如果你能用心地陪伴孩子,你会惊奇地发现,孩子完全可以跟你像大人一样聊天,也能领会你的想法,甚至,你有时会觉得孩子突然之间就长大了,他就像自己的朋友一样。

　　孩子的心灵是敏感的,孩子有时候比大人还讲道理。他们并不会无理地要求父母一直陪伴自己,如果父母确实有自己的事情要做,他们也会"乖乖"地等待。只要父母没有忘记他们,只要父母在空闲的时候去陪陪他,跟他聊聊,孩子就满足了。想来孩子的要求真的很简单,父母为什么就不能满足他的心愿呢?

纯粹的物质并不能满足孩子成长的需要,孩子的成长无疑是需要父母的陪伴的。想想孩子们一颗颗单纯的心灵,他们只想和爸爸妈妈快乐地一起聊天、一起玩耍,开心地度过每一天就心满意足了。家长们不要再以忙碌、劳累为借口,多体谅孩子的心情,承担起作为父母的责任,为孩子付出一点时间和心思,多给孩子一些关爱;走进孩子的心里,成为孩子的朋友,陪伴孩子成长,你会发现原来和孩子在一起是如此的快乐和幸福。

理想的设定要
结合孩子实际情况

　　孩子是父母的希望，是家庭的未来，每一位父母都希望自己的孩子有出息，希望自己的孩子健康成长，成为有用的人，这本身无可厚非。期望是一种有信心的等待，父母对孩子寄予期望，是一种信任，父母的期望有利于孩子增强自信心、进取心；也是孩子进步的动力。然而，父母过高的期望往往会让孩子的表现适得其反。

故事分享

　　胡梦今年上五年级，明年六年级的她就要面临小升初了，而她对于父母过高的期望非常苦恼，她在她的日记里这样写道：

　　我的父母对我的期望一直都很高，临上学前，妈妈为了把我送进重点小学，不惜举家搬迁到离学校最近的小区居住。上学的前四年，凭借一点儿聪明才智，我每次考试都能名列前茅。就在今年，学校试点开了尖子班，我也侥幸进入到尖子班中学习。在这个高手云集的地方，我的心理压力逐渐大了起来，考试成绩不像以前那么如意了，我开始尝试到失败的痛苦。这时候，我是多么希望得到父母的鼓励呀！

我现在越来越害怕考试,考试对我来说就像世界末日一般。因为每次考试回到家,妈妈都会满脸期望地看着我,问我考得如何。而我只能低着头,沮丧地告诉妈妈考试的结果。妈妈原来阳光灿烂的脸一下子堆满了乌云,看着妈妈的样子,我心中感到深深的自责,并且感到很委屈,也很难过。

妈妈总是不断地对我说:"你如果考不好,同学就会看不起你,老师也会看不起你,你周围的一切人都会看不起你。"就这样,我的压力更大了,对考试产生了恐惧感。我觉得我的一切都是为了考分,我好像只是为了考分而活着。同时,我也开始怀疑,妈妈爱的是我还是我的考分、我的荣誉?我希望妈妈能设身处地地为我想想,别老盯着"分"。

越来越激烈的社会竞争让父母们不断地提高对孩子学习成绩的期望,父母对孩子的期望源于社会生存的压力,但是过高的期望往往会造成孩子学习上的逆反心理。父母应该正视现实,客观地看待孩子的能力,才能让孩子在健康快乐的心态下,完成并享受学习的过程,从而取得好的成绩。

老师谈启发

在充满压力和注重成就的当今时代,父母们迫切地想为子女提供一种竞争的优势。他们煞费苦心、千方百计地为孩子创造条件,不顾孩子的禀赋,以自己认定的模式塑造孩子,让孩子只许成功,不许失败;他们望子成龙,希望自己的孩子出人头地,希望自己的孩子出类拔萃。

父母为孩子创造条件,在孩子偷懒时及时督促,在孩子犯错误时给予帮助,加强指导,不断激发孩子的上进心。父母的积极向上的期望,对孩子来说是一种促使孩子努力拼搏的精神支柱,是孩子厚积薄发的潜在的动力。

但是,期望过高,脱离孩子的实际,不仅不会起到积极作用,反而会起消极作用。一方面,除了给孩子增添了极大的痛苦外;同时,也给父母们带来了无限的苦恼。

有调查表明:85％的家庭对孩子的要求是学习好,将来比自己有出息;在被调查的中小学生中,一半以上的孩子认为父母总是对自己的学习成绩不满意,近40％的学生诉说自己处在一种"一直不断努力,但却总是达不到目标"的状态,为此,他们心中产生了强烈的内疚感和焦虑感。近一半的孩子"常常感到对不起父母",并"一想到考不上重点中学,心里就害怕"。有的孩子甚至出现做噩梦、难以集中注意力等病理反应,小小年纪竟然有21％的孩子称"我感到活得累"。相当一部分学生未来的理想仅仅是过上一种没有烦恼、没有束缚、没有压力、无拘无束的生活。

当孩子因为过高的目标产生不良心理困扰的时候,如果父母对孩子采取责骂和冷漠的态度,这不仅让孩子的情绪雪上加霜,加重孩子的心理负担;也会恶化家庭亲子关系,使子女与父母的关系疏远,动摇父母在孩子心中的信任。

不给孩子提出过高的要求,也不施加过大的压力;根据孩子的实际情况,给孩子设定切实可行的计划及合理的目标;理解孩子承担的社会压力和心理压力,从精神上给孩子爱和支持;让孩子以平和的心态面对学习,面对挑战,达成目标。

家长谈心得

父母望子成龙的心情是可以理解的,身为父母,要先把自己对孩子不切实际的期望降低,让孩子踏踏实实、平心静气地学习。至于发展孩子的特长,如果作为父母自身没有某些特别的才能,何苦要为难自己的孩子一定要在某些特长上有所发展和取得成绩呢?这是不能靠定指标、下决心就能完成的。

如果父母的期望过高,孩子经过努力仍然满足不了父母的期望,孩子会丧失上进心,产生自卑感和压抑感。这样对孩子身心发展是很不利的。因此,父母对孩子的期望,一定要根据孩子的自身情况,量力而行。

那么,让我们来看看对孩子不切合实际的期望或目标会对孩子带来怎样的影响?

✪ 没有效果的学习

孩子在被动的状态下接受知识,或者培养特长,孩子是不会发自内心地对知识产生兴趣的,也没有去探究知识的动力,也就无法体会到学习的乐趣。对孩子来讲,这样的学习是没有效果的。

✪ 产生负面情绪

过重的学习压力、过多的失败挫折,容易使孩子变得容易紧张、担忧,没有信心。如果当孩子对学习产生了厌倦感,再压制孩子继续学习,就会导致让孩子产生心理障碍,严重的还可能产生"强迫症"。

✪ 不利于人格的健康发展

青少年时期正是孩子发展信任、自主、进取、勤奋等人格的时期。在这个时期,催促孩子去做超过他们身心发展和能力的事情,会使他们产生过多的不信任感、羞愧、内疚、自卑和无能感。孩子也会因为接触的东西太难,而总是依赖于父母来完成。久而久之,就会使孩子过分依赖父母的指导,从而损害孩子正在萌生的自主感。

父母因期望过高而给孩子施加的压力所造成的后果是非常严重的。应尊重事实和孩子的能力,科学地引导和开发孩子的潜能,不给孩子增加无谓的压力,让孩子健康快乐地实现一个又一个人生的目标。

指引孩子要学会把握自己

为了使一个孩子能够成为明智的人，就必须培养他有自己的看法，而不能要他采取我们的看法。

——卢梭（法国思想家）

杜星的爸爸对杜星抱有很高的期望。杜星玩耍的时候他看着，杜星学习的时候他监督着，如果学习的时候电视开着，杜星爸一定会快快把电视关了，杜星休息的时候他陪着，而且会给杜星限定休息的时间。在这样的教育下，杜星的成绩一直在班里名列前茅。

杜星爸一度为孩子的成绩沾沾自喜，然而就在四年级期末考试的时候，杜星在没有任何征兆的情况下突然失踪了！

在各方努力配合下，终于找到了杜星。杜星爸强压着内心的怒火，问杜星为什么要选择这样做？杜星回答说，"爸爸，你对我的爱让我觉得喘不过气来。我怕我做不好，怕自己不能总取得让你满意的好成绩。"杜星爸顿时哑口无言。

我们父母在监督孩子的时候，不自觉地扮演了"监工"的角色,这种监督不仅没有起到看护孩子的作用,反而让孩子承受了巨大的心理压力和负担。

明智的父母只是在孩子需要的时候陪伴孩子,在孩子忙于自己的事情时,则给予孩子充分的自由,让孩子自己安排时间。

老师谈启发

父母肩负着管教孩子的责任,但责任并不代表对一切事物做决断的绝对权威。

孩子的自信心和决断力不是生来就有的,父母的绝对权威也绝对不会让孩子拥有对事物的自信心及决断能力。应该让孩子自己去面对、经历一些重要的事情,给孩子锻炼的机会。当孩子需要你的指引时,给他们适当的指导,让他们通过这些事情和经历学习到知识,积累人生的经验,从而使孩子锻炼了勇气和决断力,学会把握自己。

如果父母仅仅站在成人的立场,用自己的思维方式给孩子分析问题,并要求孩子按照自己分析的结果去解决问题,不把解决问题的锻炼机会留给孩子,孩子就永远无法拥有自己解决问题的思路,也就不能学会自我管理。

家长谈心得

简单粗暴的家教只能换来孩子的逆反心理,甚至爆发出后果严重的对抗行为。父母应该及早明白这样的道理,并在问题开始时及时采取措施,避免出现不必要的后果。

❂ 遇到问题要冷静对待

对于孩子犯的错误,一定要冷静、理智地分析问题。当孩子提出无理要求或者态度蛮横时,应该尽量做到耐心细致地分析、讲解问题,让孩子明白问题出在哪里,让他自己觉得他的做法是有待商榷的,同时还要给孩子消化、理解问题的时间。

✪ 成人般地看待孩子

学会观察自己的孩子,当你发现他已经具有某些强烈的成人意识、有一定独立思考问题的能力时,孩子就不再喜欢父母对自己的大小事情都指手画脚,大包大揽;孩子们更希望自己的父母们不要再用看待孩子的目光注视自己,而要像对待成人一样对待他们。

✪ 盲目责怪孩子只能适得其反

当孩子在逆反心理下表现得不听话时,只有心平气和地对话才能慢慢打开孩子的心结,然后才能引导并帮助孩子建立正确的思路。盲目地批评指责,只能让孩子的心离父母原来越远。

✪ 孩子需要更多的鼓励

每个人都喜欢听到鼓励和肯定的话,都渴望被别人认同,孩子也一样。父母不妨多用鼓励的话让孩子更喜欢与父母交流,这样更能在与孩子不设防的交流中指引孩子。

✪ 孩子要有克制自己的能力

父母要让孩子明白有些事情逞一时之快是解决不了问题的。遇到不快与矛盾是生活中常有的事情,要懂得克制自己,学会平和地面对矛盾,理智地沟通并想办法去解决问题。

✪ 鼓励孩子多与人交流

孤僻的孩子大多容易冲动,走极端。父母需要多制造孩子与其他孩子交流的机会,鼓励孩子多交朋友。让孩子在集体环境中变得开朗,易于接纳新事物,增长经验,学习处世之道。

学会把握自己是一个人成长过程中重要的个性品质之一,需要从小培养。虽然孩子在小学阶段,自我控制好像是一件比较困难的事情,但每个人都有着与生俱来的控制能力,只是有时不想控制,或没有得到有力的支持而已。我们家长就需要适时地进行引导。帮助孩子学会把握自己,让我们的孩子具有良好的自我控制能力,才能使他们成为把握自己生活的主宰,从而拥有生活的和谐、事业的成功。

决定要留给孩子自己做

　　一个经常为自己的人生做决定的孩子,他的生命力是汪洋恣肆的,尽管因为年轻,他会遇到一些挫折,但那些挫折伴随着成长,让他感觉到自己的生命是丰富多彩的。

故事分享

　　李娴的爸爸妈妈由于工作的关系没法让李娴跟自己一起生活,于是,李娴就和爷爷奶奶住在一起。奶奶对待李娴的生活起居是一丝不苟,每天吃饭的菜谱,李娴的穿戴,上、下课接送的时间都会详细的列计划表并按照计划表严格执行。李娴生就乖巧,从不提任何要求和建议,事事听从奶奶的决定和安排。

　　直到有一天,妈妈接到老师打来的一个电话后,他们决定立刻将孩子接回身边,让孩子回归自己的生活。

　　事情是这样的,李娴在每次活动课时,总是待在角落里,不知道自己要玩什么好,只有老师指定她去玩什么的时候,她才会去玩。老师测试她,让她去做选择的时候,她总是表现得犹豫不决,拿不定主意。

　　妈妈认为孩子需要自我思考和决断的能力,所以他们把李娴接回家之后,爸爸妈妈既不要过多地干涉她做什么,也不催促她做什么。穿什么衣服、想吃什么饭菜等生活起居的问题都会让李娴自己决定。甚至连作业要不要做,这样的问题也留给李娴自己思考并决定怎么去做。父母只是对睡觉的时间、玩耍时间的控制有时刻意地提醒李娴注意,并提出建议,一般最终的选择权还是留给李娴。

李娴妈妈说:我们不想让孩子变成生活的"木偶",我们努力想让她有自己的眼光、自己的思维、自己的感受、自己的判断,让她从学会自己做决定,来逐步学会选择自己的人生。

从案例中可以看出,李娴的奶奶是一个十分细心的人,在李娴成长过程中,她总是事无巨细地替李娴考虑周到,孩子不管干什么,她都事先考虑到,替孩子做好,从不让孩子自己做,更别说让孩子自己做决定了。她的这种做法,无心之中剥夺了孩子自己做事、思考、说话的机会,捆住了孩子的手脚,束缚了孩子的思想。

老师谈启发

随着孩子的成长,孩子会慢慢有自主意识,产生自我决定的需求。家长应该理解并支持孩子,并鼓励孩子自己做出选择。让孩子体会到每一个决定的意义和价值,从而建立起孩子的自主意识和自信心。生命的价值在于选择,在每一个选择的背后,孩子的决断力、责任感也会能培养起来,同时,孩子心中会产生良好的自我评价,积极地面对生活中的困难。

当父母始终不放手让孩子自己做决定,孩子的自主意识就会被抑制,自信心会受打击,生命激情却会越来越低。这样做的结果是,孩子会缺乏判断力和选择的能力,凡事依赖,缺乏主见;另一种可能是,孩子失去平和的心态,甚至走向叛逆的极端。

为了避免类似情况的发生,对孩子适当放权,把选择权交给孩子不失为一个好办法。当然,父母要为孩子设置一个基本道德的底线,然后放手孩子去决定自己的人生,只是在孩子寻求帮助或者非常必要的时候再去帮助孩子。

有研究也表明,总是由父母做决定的孩子,长大后常常缺乏判断力和选择的能力,而且缺乏责任感,甚至不知道如何对自己负责。因此建议父母给孩子一点做决定的机会,让孩子学会如何做决定。

家长谈心得

作为家长,我们从以下这些方面注意,学会对孩子放手,给孩子适当的选择权,让他体会到自己做主的人生。

✪ 让孩子勇于表达不同观点

孩子也是小家庭生活中的一员,孩子也有不同意父母意见的权利,也有发言权。同时,孩子也有提出有见识的不同意见表达自己的权利。因此,父母要解放孩子的手、嘴和大脑,让孩子行使自己的权利,让孩子敢想、敢说、敢做,而不是一味地顺从父母。

✪ 提供给孩子做决定的机会

多提供给孩子自己做决定的机会,留给孩子单独思考、学习和玩耍的时间,父母不要左右孩子的想法,做到真正放手让孩子自己做决定,这样,孩子才能成长为一个独立、有主见的人。

✪ 尊重孩子的意愿

孩子在家庭生活中也同样需要家长的尊重,要尊重并平等地对待孩子的观点、见解和意见。尤其涉及孩子自身的事情,更应尊重或听取孩子的意见。当遇到孩子与自己意见相左并且不能按照孩子的意愿执行的时候,也要以商量的口吻表示对孩子的尊重。

　　当孩子开始意识到自己的存在、强烈地要求自主、什么都想自己去做的时候，家长要及时发现孩子的这些变化，这种独立性的要求是合理的、积极的，是他们生理和心理发育的需要。对这时期的孩子，父母要更多地注意倾听和尊重他们的意见，帮助孩子形成孩子独立的精神，建立自信，培养孩子勇敢、沉着的好品格。这时候，父母就要学会放手，把决定留给孩子自己来做。

孩子需要能自由支配的时间

给孩子自由支配的时间，让他们可以走近自然，走近生活，亲近泥土、小草和溪流，认识蒲公英、蚂蚱和蟋蟀，懂得风霜雨雪、草长莺飞、四季更替，沉浸在大自然的怀抱里，愉悦身心，陶冶性情，让孩子体会到人生的美好，让孩子在美好中健康成长。

故事分享

一个月前萧红的儿子跟他们班里的一个男生成了铁哥们儿。这个孩子比起萧红的儿子来说胆子大得多，他可以在放学之后给父母打个电话告诉自己的安排之后，就直接和儿子到萧红家里一起做功课，直到晚上九点再自己坐公交车回家。

萧红一直猜测这个孩子是没有经过家长的同意，自作主张这样做的。因为这个孩子需要独自走的路程不但会经过几个大十字路口，而且车多人多，有危险。有几次，这个孩子在晚上吃完晚饭后，自己来找儿子玩儿，玩到九点再自己回去。如果这样的情况，换成萧红，是怎么也不可能允许他的孩子这样做。可跟这个孩子沟通后才知道，他只要告诉父母几点会准时回家，父母就同意他的想法。显而易见，这个孩子的父母在这个问题上的教育理念跟自己是不一样的。

　　这个孩子父母的做法给了萧红很大的触动,仔细想来,其实孩子们都是在完成作业的前提下,而且没做什么特别淘气的事儿,只是一边说说话,一起玩玩具。这个孩子跟儿子同岁,事实证明,孩子是可以完成独自安全走完路程的,那为什么自己不能让儿子也独立完成呢?儿子自从和这个同学亲密起来以后,就向萧红争取自由支配时间的权利,也要求有机会独自去同学家玩儿。

　　一天晚上,萧红答应儿子让他自己去广场找同学玩,但是约好八点半必须回家。结果孩子不仅做到了,而且看起来非常兴奋。萧红问他都做了什么,儿子高兴地说:"玩呗!"萧红明白了,应该早点给孩子自由支配的时间,那样他所获得的乐趣可能要比领着他所体验到的多得多!

　　由此可见,给孩子足够的自由支配时间,帮助孩子有效地利用时间,发现生活的乐趣,展示自己的才华,使其能够更健康更自然地成长!

老师谈启发

　　当孩子能够自由支配时间的时候,你会发现孩子有许多事情想要去做。独处也好,静思也罢,交友聊天,伙伴嬉戏,游玩赏景、自由漫步,甚至是静静地发呆和犯傻,尝试失败和挑战……表面看来,时间好像浪费掉了,实则不然,孩子正是通过自由支配时间,通过自主安排活动,来认识、感知生活和周围的世界,促进身心和谐发展、提高自身的各种素质和能力。自由支配时间是孩子身心发展的需要,是培养创造性人才的首要条件,孩子会由此实现量变到质变的飞跃。

　　孩子在长达一二十年的学校教育中,学习内容多而杂,难度偏大,形式单调,易使孩子产生疲劳和厌倦。调查表明,一天下来,特别是一周下来,不少学生普遍感到乏力、瞌睡、头痛、视力下降,感知能力下降,甚至厌学。孩子通过自由支配的时间,用玩耍、谈心交流、散步等方式进行有效调节,消除疲劳,缓解心理压力,以充足的精力和良好心态投入到学习、生活中去。

给孩子自由的支配时间,能激发孩子的积极主动性,培养孩子浓厚的兴趣,让孩子在交往、独处、分析与解决问题时,学会思考,学会生活,提高适应、合作与协调能力。给孩子自由支配的时间,还原了孩子童年的快乐、幻想和自由,奠定了其幸福人生的根基。

家长谈心得

父母应尽可能让孩子多一些自由支配的时间,有自由自在玩耍的时间。怎样才能让孩子学会支配自己的时间,让孩子更快乐地用好时间呢?下面的一些建议,父母们不妨作为平时教导孩子的参考。

✪ 留给孩子可以自由支配的时间

孩子的时间不需要安排得太满,孩子的课余时间也不能完全按照父母的喜好来安排。过于紧张的安排,只会让孩子压力过重而变得越来越懒散、麻木和消极。留给孩子能够自由支配的时间,让孩子在自我支配时间的同时,培养自己的兴趣爱好,逐步形成自己的思维习惯。

✪ 学习之后要安排玩的时间

有的孩子有边学边玩的习惯,父母们惯于一味地责怪孩子的做法,究其原因,父母其实也有一定的责任。家长为了提高孩子的成绩,不自觉地给孩子加压,孩子不停地学习,却没有放松和玩耍的时间。孩子在无休止的学习中不仅厌烦了学习,还养成了磨蹭的习惯。其实,孩子的这种做法是在迂回地争取可以玩耍、放松的时间。

☆ 劳逸结合，张弛有度

自由支配时间不仅让孩子有了自我创新的机会，也让孩子的身心能够充分自由地发展。但是自由支配不等于没有边际，而是要在一定的范围内，受到一定的制约。要帮助孩子学会把握自己的学习和休息的时间，做到劳逸结合、张弛有度。

留给孩子自由支配的时间，教会孩子合理地掌握自己的时间，让孩子体会到童年的快乐、幻想和自由。青少年教育专家孙云晓认为："童年的快乐是一生快乐的源头，童年的不幸是一生不幸的开端。"尽可能让我们给孩子拥有一个快乐的童年，为孩子奠定幸福人生的根基。

营造和谐快乐的家庭氛围

生活是最好的教材，家庭是除了学校之外的一个特殊课堂。父母是孩子人生路上的引路人，父母的品行、情操、修养，无时无刻不影响着孩子。父母的所言所行给孩子的教育和影响，往往胜过平日教子时的千言万语。

故事分享

著名剧作家沙叶新幽默感极强，其女儿也天生具有幽默细胞，还在童年时他就对"女大不中留"有过一番妙论："我认为'女大不中留'的意思就是，嗯，就是女儿大了，不在中国留学，要到外国去留学。"不料，后来她女儿果然去美国留学了。

一次沙叶新的女儿回国探亲，她和父母谈起同在美国留学的弟弟，说弟弟想娶个黑人姑娘。父母不由大吃一惊。"妈妈怎么还有种族歧视？黑人女孩是黑珍珠，身材好极了，长得也漂亮。""我倒没有种族歧视，"沙叶新接话说，"我就担心他们以后给我养个孙子，送到上海来让我们带，万一晚上断电，全是黑的，找不到孙子那不急死我们！"女儿连忙说："那没关系，断电的时候你就叫孙子赶快张开嘴巴，那不就找到了！"

在父女之间这场机智幽默的交谈中，父亲显示了他开阔的脚襟、年轻的心态和幽默的天性，而女儿更是青出于蓝而胜于蓝，一番"唇枪舌剑"为久别重逢的父女增添了一份格外的喜悦。

所以，作为父母，一定要懂得家庭氛围的重要性，不要把家庭变成死板的学校，使孩子整日都有是在学校的感觉。

老师谈启发

教育专家认为，如果能刺激孩子的兴趣，就可以充分培养孩子的创造力。而环境则可以加强或抑制一个人创造力的发展。一个对生活拥有丰富体验的人，能呈现多样化可能性创造力。

人一生的学习时光大多在学校里度过，但学校并不是对孩子施教的唯一场所，家庭也是孩子的成长中非常重要的影响因素，举足轻重。要想让家庭发挥更大的作用，就要努力营造愉快的家庭氛围。

想要创造和保持和谐的家庭气氛，首先要克服父母情绪上的随心所欲。生活中总会遇到各种各样的烦心事儿，喜怒之间，应随时调整自己的心理状态，力求保持一种平和、明朗、乐观的心境和气氛。积极情绪的感染力是巨大的。千万不要把愤怒、怨恨、沉郁等消极情绪传染给家庭和孩子。

家长谈心得

不把外界受到的干扰和不良的情绪带回家，对于很多父母来说，做到这一点是不容易的。有的父母在单位上与同事友好相处，待人谦和，而对孩子却不设任何心理障碍，一遇到孩子不顺心意的表现就大发雷霆。如果想要孩子能够更加健康地成长，父母们就要学会尽量避免这种现象，要努力将家庭氛围变得更加和谐、融洽。

✪ 让幽默为家庭添乐趣

家永远是人们心中的港湾,她总是那样的和谐而温暖。家需要我们用欢声笑语来点缀,用诙谐幽默来调剂。我们可以让幽默中带着自嘲、带着宽慰、带着机智、带着纯真。根据每一刻不同情况,变化主题,方式虽不同,效果却同样神奇。让家中始终充满了亲人们欢乐的笑声,让孩子在说说笑笑中悟出人生的道理。让幽默在平添乐趣的时候还能起到教育的意义。

✪ 创造自由的家庭环境

人在创造力强的时候总是自己处于最放松的时候。心理学研究表明,有利于创造性发展的一般条件是"心理安全"和"心理自由"。在进行创造性活动时,孩子不希望自己的行为受到干扰,希望能自由自在地继续自己的创造活动。所以,父母有义务为了孩子创造力的发展而营造自由的家庭氛围。

✪ 让笑声充满整个家庭

笑是联络感情的一种妙用无穷的方法,当人在欢笑的时候,精神总是最放松、心情最愉悦的时候。如果孩子能始终生活在笑脸盈盈、笑声朗朗的家庭氛围当中,相信孩子的心中一定是温暖的,进取的,积极向上的力量。

✪ 打消对子女过高的期望

对孩子过高的期望除了给孩子增添无谓的烦恼和压力之外,也在破坏着孩子与父母之间的亲子关系。望子成龙、望女成凤之心可以理解,但当子女由于种种因素,某些方面不能达到父母的期望时,许多亲子之间的矛盾和冲突就不可避免地发生了,打骂仅是一种感情发泄,对改变子女的现状无济于事。与其如此徒劳无效,不如降低期望值,让子女在没有压力的情况下自己选择前进的道路。孩子摆脱了外在的过重压力后,反而会逐步建立起自信心和进取精神,让孩子学会从内心找力量。

✪ 不要过多地干涉孩子的行动

无数事例证明,没有一个孩子是在训斥、干涉和棍棒威胁下成才的。棍棒威吓暂时会起作用,但不会持久。充满敌意的家庭气氛,过多地干涉、训斥孩子,都是对孩子心理的打击。父母把孩子当朋友,不去干涉孩子的行为,才能使家庭的氛围更加和睦、愉快、幸福、美满。

给孩子自由、独立的成长空间

孩子的成长和发展需要有一个宽松的、开放的、积极的引导环境,需要在父母的热切期望和等待中来迎接孩子的成长。孩子的发展,要遵循天性,不能任意抹杀孩子的创造欲望和玩乐心态,要让孩子自由的发展。

——陶行知

故事分享

肖健的父亲是一位艺术家,而他自己是一所大学的数学教授。父亲时常用亲身的经历告诫孙子贝贝为人要真诚坦荡,对世间万物都心怀爱与感激,即使身处逆境也要发现身边的美;肖健则用严谨的数学语言让贝贝坚信这个世界凡事都必有规律可循,求真务实、善于开拓是人们探索科学应该始终坚守的精神。

肖健在从学校把贝贝接回家的路上,会时不时地和贝贝在路边的咖啡馆里小坐。他让贝贝把不同质地的咖啡勺浮在咖啡中,用这种方法让孩子理解了阿基米德的浮力原理。

肖健家里的家庭氛围一直是民主、开放的,每个人对家中的大小事情都有发言权。大人从不强求贝贝具体要做什么,对贝贝采取认同和尊重的态度。

贝贝写作文没有打草稿的习惯,做数学也不把每个步骤都写全,只写重点。贝贝跟爸爸说:"如果能有简单的方法就能解决问题,那何乐而不为呢?"肖健没有像一些父母一样认为这是在偷懒,而是认同了贝贝的做法。肖健的态度让孩子在宽松的家庭环境下,得到自由的成长和发展。

只有重视、理解教育的父母才能创造出良好的家庭教育氛围,只有良好的家庭教育氛围才能让孩子在家庭教育下自由、独立地成长。家庭教育不仅能够为孩子开拓知识与能力,还会让孩子学会理解、包容、独立,从而让孩子的人格健康发展。

老师谈启发

其实,说到孩子的成长更主要的是孩子思想、语言以及为人处世的能力、思想层面的提高和发展。父母在关注孩子这些方面的发展时,往往会忽略孩子的兴趣,而采取一些过于积极的教育措施,比如,请各课功课的家教老师辅导孩子学习,尽可能多地给孩子报名特长班,使得孩子没有一点自己可以自由控制、消化所学知识的时间。

家长们这样的做法,无非是想让孩子多掌握点知识、多学点本领,出发点本来是好的;但忘记了最关键的一点,就是孩子是否感兴趣。在孩子没有意愿和兴趣的情况下,硬生生地拉着孩子去学,不但不能使孩子按照自己的愿望发展,还可能极大挫伤孩子的积极性。这无疑是得不偿失的。父母应该根据孩子的特长、兴趣爱好因地制宜的选择教育的引导,过多地干预孩子的兴趣爱好,甚至采用强制管教的方法逼迫孩子,是不利于孩子自由、健康发展的。

另一方面,在给孩子自由空间的同时,对孩子也不能完全不管不问。对于有关做人品德和价值观的事情,家长应该替孩子把握好原则,让孩子具有优秀品德和崇高价值观。

孩子的人格、精神、思想的发展过程一定不是一路平坦的,当孩子遇到挫折和磨砺,并向你求助、渴求父母的帮助时,告诉孩子不要抱怨,鼓励孩子先自己想办法,给他一个自由发挥的机会和空间,如果孩子通过自己的努力解决了困难,那么在这一挫折中,孩子一定会受益匪浅。当孩子真的没有解决问题的办法时,与孩子一起勇敢地面对困难,引导孩子找到方法,一起解决困难,不断前进。

家长谈心得

父母才是最有机会和时间对孩子进行教育的人,所以父母要首先树立正确的成才观、人才观、教育观,提高自身的素质,才能使家庭教育由经验育人向科学育人转变,由片面注重学习书本知识向切实关注孩子怎样做人转变,由简单命令向平等沟通转变,使家庭教育真正发挥应有的作用。

孩子到了适当的年龄,不仅要求在思想层面上拥有自己独立的空间,也会要求在现实空间里属于自己独立的天地。孩子自己提出要有独立空间与家长刻意给孩子安排一个独立房间的意义是不同的,孩子独立空间需求的意愿足以表明孩子的独立意识已前进了一大步。

然而给孩子划分好独立的房间,将房间装饰一新之后,孩子却选择在餐厅里做功课,这就说明了孩子所需要的,并不是单纯的独立房间,而是一个能安心游玩、安心做功课的空间,那个空间必须让他有待下去的欲望。这个空间可以任由孩子发泄自我的感情,调整自己的情绪,从而培养出孩子的独立性。

这个物理意义上的空间不必一定是一个独立的房间,它可以是一个小小的角落,在那个角落里,只有孩子喜欢的东西,哪怕是在大人眼里没有任何用处的牛奶包装盒、用过的塑料杯等等。

这样的角落才是属于孩子的独立空间。

在这样的空间里，只要是孩子喜欢并能让孩子专注下来的，即使不是一个独立的房间，即使连门和帘幕的划分都没有，孩子也会在这样的空间里，在他们小小的心灵上挂起看不见的帘幕，在其中自得其乐。

家长不必勉强把孩子的房间区分出来，只需要充当一个孩子的助手，在孩子创造自己的独立空间时，帮孩子一把。帮他在喜欢的角落拉上一道屏风，帮他动手亲自钉一张课桌……长此以往，你会发现，孩子的自主性被自然而然地培养起来。这种独立的思考和想法会给孩子带来很大的裨益。

有效的亲子沟通基于家长
平和的心态

德国心理学家卡罗拉·舒斯特认为,孩子的不良行为及哭闹,会让父母处于一种特别的状态,让许多家长怀疑他们为人父母的能力,所以面对孩子的问题时,家长往往会感到紧张、排斥、反感,从而做出一些过激甚至极端的行为,这对于孩子的心理发展是极为不利的,从实际的教育效果上来说也不可能尽如人意,所以接纳孩子的情绪之前首先就是要控制、调整家长们自己的情绪。

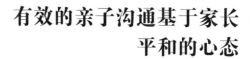

故事分享

眼看二年级第一学期的期末考试马上就要开考了,可亮子却一点也没有考试的状态。因为他自己心中明白,本学期的课堂时间大都没有认真听老师讲课,知识点有很多都掌握得不够扎实。亮子已经被妈妈每天额外布置的复习作业折磨得痛不欲生了,他恨不得第二天就立马考试,早点结束这压抑的考试冲刺阶段。

考试终于在两周后结束了,亮子垂头丧气地回到家,沮丧地把卷子拿给妈妈。妈妈看到亮子的神情便猜到了亮子的考试成绩应该并不理想,但她并没有直接指责亮子,而是对亮子说:"怎么我看到你的心情不太好呀?"亮子头也不抬地回答到:"是啊,考这么点分,心情能好吗?""哦,原来是考试成绩不理想啊?那么你觉得考多少分你才能比较满意呢?"妈妈一边说着,一边观察着亮子的神情。亮子听了妈妈的话,想了一会,抬起头来说:"怎么也得考个90分呀!"妈妈见亮子的情绪有所缓和,抓住机会接着问亮子:"那要是能考到95分呢?"此时,亮子的眼睛也亮了说:"那当然好了。"妈妈继续问道:"怎么才能考个90分呀?"亮子挺起小胸脯,充满信心地说:"那就得好好学呗,也不是啥难事儿!"亮子想了想,接着说:"这学期我也知道问题出在哪儿,就是上课的时候没有好好听讲,课下有没有及时复习巩固,才没考好的。下学期改正,考试肯定没问题!"妈妈听了亮子的回答,会心地笑了。

老师谈启发

在上文的情景中,我们多数爸爸妈妈们可能大都会情不自禁地用质问、责问类似的做法与孩子沟通。可是,每次我们这样说完做完后,却没有太大效果。孩子们并不能立即认识到了自己的错误或者说是不争气,进而马上努力学习提高成绩。那么,怎样沟通效果会好一些呢?试想,当孩子垂头丧气递给我们考卷的时候,是不是他的情绪也很低落、很沮丧呢?如果我们这时候能及时观察到孩子的情绪,并适时地加以关注和理解,相信我们就不会说出以往责问孩子的那些话。我们以往的那些做法是因为我们太关注自己的情绪而忽略了孩子的情绪或者说是根本没有顾及孩子的情绪,这是一个非常严重的问题。家长应该做到的是:要先解决心情,再解决事情。

通过上面的小故事,我们可以看到,孩子对家长是有要求和期待的,家长们在看到孩子某些方面表现得不够理想的时候,孩子内心是能够针对问题给出相应的解决方案的,并不需要家长们强行发出指令要求孩子该做什么,怎样去做。我们还应当注意,对于年龄较小的孩子,在解决问题的具体细节方面还不能给出一个详细的调整方案。这就需要我们针对孩子的实际情况和问题所在,指引并帮助孩子分解问题,找到可实施的解决方案,并以平和的心态跟孩子探讨沟通改善方案的细节。

家长谈心得

"为什么现在的孩子这么难管?为什么每次我们的出发点都是好的,但效果却不尽如人意?为什么有些话我们说了十遍孩子也听不进去?"这是现在很多家长都会时常感到困惑的问题。通过上面的小故事,家长们不妨分析、总结下如何做到与孩子的有效沟通?简单概括为以下几点。

✪ 不管遇到什么情况,家长首先要控制并调整自己的情绪

当孩子发生一些不符合我们期待的行为时,甚至孩子开始无理取闹大哭大叫时,"最先需要处理的是家长的情绪"。德国心理学家卡罗拉·舒斯特认为,孩子的不良行为及哭闹,会让父母处于一种特别的状态,让许多家长怀疑他们为人父母的能力,所以面对孩子的问题时,家长往往会感到紧张、排斥、反感,从而做出一些过激甚至极端的行为,这对于孩子的心理发展是极为不利的,从实际的教育效果上来说也不可能尽如人意,所以接纳孩子的情绪之前首先就是要控制、调整家长们自己的情绪。

✪ 接纳孩子的情绪,尽可能地站在孩子的角度来理解孩子

孩子哭泣时,不要呵斥也不要打断,我们只需留在他们身边,轻拥着孩子,让他们尽情地发泄,不要急于发表意见,只需要让孩子感受到,爸爸妈妈就在这里,不管发生什么事情,爸爸妈妈都可以理解你,这样孩子哭一会儿自然就停止哭泣了,并加深了

和父母之间的感情。而当孩子出现一些不良行为时,也不要急于批评、责备,甚至是过多的询问原因(为什么)也是无济于事的。这时候我们首先应该表示的还是同情、理解、关注和接纳,那么孩子的情绪就会变得平和很多,后面的谈话和沟通才能得以顺利进行。

★ 层层提问、启发孩子自己思考问题从而得出我们想要的答案

我们提倡家长们首先要做到"听其言、观其行、读其心、解其意",在这个基础上,设置贴切实际的问题来引导孩子思考,进而由孩子自己做出我们所期待的问题的答案,这样的答案由于是孩子自己做出的,孩子不会觉得是父母的强行指令,也不会觉得讨厌、反感,恰恰相反,孩子感觉像是自己对于自己的承诺一样,有一种主动想要去完成和实现的愿望,这种愿望是自发的,所以孩子才愿意去为之付出努力并坚持。

★ 学会抓住契机,逆转形势

为什么这样说呢?因为在我们的日常生活中,最常看到的就是父母喋喋不休地说着各种各样的大道理,而孩子却往往不知道我们在说些什么。我们要清楚地知道,孩子毕竟是孩子,他们的理解能力是有限的,有时候说得多效果并不理想。恰恰相反,如果我们能找到谈话中的关键节点,比如前面案例中所提到的"你觉得考多少分自己会比较满意呢?""你觉得怎么学才算是好好学呢?"这就是典型的抓住了很好的契机,接下来就是要逆转形势。不要啰嗦,不要唠叨,简明扼要地进行提问。比如,"你觉得上课怎么样听讲就算是好好学了呢?""你觉得怎么样写作业就算是好好学了呢?"通过这样的问题很快扭转了谈话的气氛和形势,启发孩子自己思考得出解决问题的答案,非常容易取得不错的教育效果。